Napoléon Bonaparte

Briefe an Joséphine

www.elv-verlag.de

Bonaparte, Napoléon

Briefe an Joséphine

ISBN: 978-3-86267-246-2

Auflage: 1
Erscheinungsjahr: 2011
Erscheinungsort: Bremen, Deutschland

Europäischer Literaturverlag GmbH, Fahrenheitstr. 1, 28359 Bremen (www.elv-verlag.de).

Bei diesem Titel handelt es sich um den Nachdruck eines historischen, lange vergriffenen Buches aus dem Wiener Verlag, Wien & Leipzig (1906). Da elektronische Druckvorlagen für diesen Titel nicht existieren, musste auf alte Vorlagen zurückgegriffen werden. Hieraus zwangsläufig resultierende Qualitätsverluste bitten wir zu entschuldigen.

1ter Brief.

Roverbello, den 6. Juli 1796.

Ich habe den Feind geschlagen. Kilmaine wird Dir die Abschrift des Berichts überschicken. Ich sterbe bald vor Abspannung. Ich bitte Dich, sogleich nach Verona abzureisen; ich bedarf Deiner, denn ich glaube, ich werde sehr krank werden.

Ich gebe Dir tausend Küsse. Ich liege im Bette.

2ter Brief.

Verona, den 11. Juli 1796.

Kaum war ich von Roverbello abgegangen, so erfuhr ich, daß der Feind sich zu Verona zeigte. Massena traf Anordnungen, welche sehr glücklich waren. Wir haben sechshundert Gefangene gemacht und drei Stück Geschütz erobert. Dem General Brune sind sieben Kugeln durch seine Kleider gegangen, ohne daß ihn eine einzige berührt hat; das heißt glücklich spielen.

Ich gebe Dir tausend Küsse. Ich befinde mich sehr wohl. Wir haben nur zehn Tote und hundert Verwundete gehabt.

3ter Brief.

Marmirollo, den 17. Juli 1796.

Ich erhalte Deinen Brief, meine anbetungswürdige Freundin; er hat mein Herz mit Freude erfüllt. Ich bin Dir verbunden für Deine Bemühungen, mir Nachricht von Dir zu geben. Deine Gesundheit muß heut besser sein; ich bin gewiß, daß Du hergestellt bist. Ich bitte Dich dringend, zu reiten; das kann nicht verfehlen, Dir wohl zu tun.

Seit ich Dich verlassen habe, bin ich immer traurig gewesen. Es ist mein Glück, bei Dir zu sein. Ohne Unterlaß rufe ich mir Deine Küsse, Deine Tränen, Deine liebenswürdige Eifersucht zurück, und die Reize der unvergleichlichen Josefine entzünden unaufhörlich eine lebendige, brennende Flamme in meinem Herzen und in meinen Sinnen. Wann werde ich doch, frei von jeder Unruhe, von jedem Geschäft, alle meine Augenblicke bei Dir zubringen können, nichts zu tun haben, als Dich zu lieben und nur an das Glück zu denken, Dir es zu sagen und zu beweisen? Ich will Dir Dein Pferd schicken; aber ich hoffe, daß Du bald wirst können zu mir kommen. Ich glaubte Dich vor einigen Tagen zu lieben; aber seit ich Dich gesehen habe, fühle ich, daß ich Dich noch tausendmal mehr liebe. Seitdem ich Dich kenne, bete ich Dich täglich mehr an, und das beweist, wie falsch La Bruyères Grundsatz ist, „die Liebe käme plötzlich." Alles in der Natur hat einen gewissen Gang und verschiedene Grade des Wachstums. Ach, ich bitte Dich, laß mich einige Deiner Fehler sehen; sei weniger schön, weniger anmutig, weniger zärtlich, vorzüglich weniger gut; hauptsächlich sei weniger eifersüchtig und weine nie; Deine Tränen rauben mir die Vernunft und glühen in meinem Blute. Glaube fest, daß es nicht in meiner Gewalt steht, einen Gedanken zu haben, der nicht Dir gehörte, oder eine Vorstellung, die nicht Dir unterworfen wäre.

Ruhe gut aus. Stelle Deine Gesundheit schnell wieder her. Komm zu mir, damit wir, ehe wir sterben, doch zum wenigsten sagen können: So viele Tage waren wir glücklich!!

Millionen Küsse, sogar Fortunén*) ungeachtet seiner Bosheit.

4ter Brief.

Marmirolo, den 18. Juli 1796.

*J*ch habe die ganze Nacht unter den Waffen zugebracht. Ich würde Mantua durch einen kühnen, glücklichen Streich genommen haben; allein das Wasser des Sees ist plötzlich gefallen, so daß meine Kolonne, welche eingeschifft war, nicht ankommen konnte. Diesen Abend fange ich

---

*) Josefinens kleiner Hund.

es auf eine andere Art an; es wird aber nicht so befriedigende Resultate geben.

Ich habe von Eugen einen Brief erhalten, welchen ich Dir schicke. Ich bitte Dich, in meinem Namen an die liebenswürdigen Kinder zu schreiben und ihnen etwas Hübsches zu schicken. Gib ihnen die Versicherung, daß ich sie liebe wie meine eigenen Kinder. Was Dir oder mir angehört, verschmilzt in meinem Herzen dermaßen, daß gar kein Unterschied stattfindet.

Ich bin sehr begierig zu erfahren, wie Du Dich befindest, was Du machst. Ich bin beim silbernen Scheine des Mondes in Virgils Dorfe an den Ufern des Sees gewesen, und keinen Augenblick, ohne an Josefine zu denken!

Der Feind hat am 28. einen allgemeinen Ausfall gemacht; er hat uns zweihundert Mann getötet oder verwundet, und er selbst hat während eines eiligen Rückzuges fünfhundert Mann verloren.

Ich befinde mich wohl. Ich gehöre ganz Josefinen an und habe kein anderes Vergnügen, kein anderes Glück, als in ihrer Nähe zu sein.

Es sind in Brescia drei neapolitanische Regimenter angekommen; sie haben sich infolge der Übereinkunft, welche ich mit Herrn Pignatelli abgeschlossen habe, von der österreichischen Armee getrennt. — Ich habe meine Dose verloren; ich bitte Dich, mir eine etwas flache auszusuchen und von Deinen Haaren eine hübsche Inschrift darauf machen zu lassen.

Tausend Küsse, die ebenso glühend sind, als
Du kalt bist. Liebe ohne Grenzen, und Treue, die
jede Prüfung besteht. Ehe Josef*) abreist, wünsche
ich ihn zu sprechen.

5ter Brief.

Marmirolo, den 19. Juli 1796.

Seit zwei Tagen bin ich ohne Briefe von Dir.
Schon dreißigmal habe ich diese Bemerkung
heute mir selbst gemacht, und Du siehst wohl
ein, wie traurig das ist; dennoch kannst Du nicht
an der zärtlichen und innigen Sorgfalt zweifeln,
welche ich für Dich hege.

Wir haben gestern Mantua angegriffen. Wir
heizten aus zwei Batterien mit glühenden Kugeln
und mit Bomben ein, und die unglückliche Stadt
hat die ganze Nacht hindurch gebrannt, das Schauspiel war zu gleicher Zeit schrecklich und imposant. Wir haben uns mehrerer Außenwerke bemächtigt und eröffnen noch in dieser Nacht die
Laufgräben. Ich gehe morgen mit dem Hauptquartier nach Castiglione ab, wo ich zu übernachten
gedenke.

Es ist ein Kurier von Paris bei mir eingetroffen.
Er hatte zwei Briefe an Dich — ich habe sie gelesen. Ob mir nun gleich das ganz natürlich scheint,
und Du mir auch neulich die Erlaubnis dazu gegeben

---

*) Napoleons älterer Bruder, seitdem König von Spanien.

hast, so fürchte ich doch, daß es Dich unwillig mache und das betrübt mich sehr. Ich hätte die Briefe wieder zusiegeln mögen; aber nein, das wäre mir etwas Erschreckliches gewesen! Ich bin strafbar, ich bitte Dich um Verzeihung; ich schwöre Dir, daß es nicht aus Eifersucht geschehen ist, nein, gewiß nicht, denn dazu habe ich eine zu hohe Meinung von meiner anbetungswürdigen Freundin. Ich wünschte, daß Du mir gänzliche Erlaubnis gäbst, Deine Briefe zu lesen, denn hiedurch würden alle Gewissensbisse und alle Befürchtungen verscheucht werden.

Eben kommt Achilles mit Kurierpferden von Mailand an; aber kein Brief von meiner angebeteten Freundin!

Lebe wohl, mein einziges Gut! Wann wirst Du zu mir kommen können? Ich selbst will Dich in Mailand abholen.

Tausend Küsse, die ebenso glühend sind als mein Herz und ebenso rein als Du!

Ich lasse den Kurier rufen; er sagt mir, daß er bei Dir gewesen ist und daß Du ihm gesagt hast, Du hättest ihm nichts aufzutragen. O pfui, Du böse, häßliche, grausame Tyrannin, Du niedliches, kleines Ungeheuer! Du lachst meiner Drohungen, meiner Torheiten. Ach, Du weißt es wohl, wenn ich Dich in mein Herz einschließen könnte, so würde ich Dich da ins Gefängnis setzen. Gib mir Nachricht, daß Du heiter, ganz gesund und sehr zärtlich bist.

6ter Brief.

Castiglione, den 21. Juli 1796.

Ich hoffe, einen Brief von Dir zu finden, wenn ich diesen Abend ankomme. Meine teure Josefine, Du kennst das Vergnügen, welches mir Deine Briefe machen, und ich bin gewiß, daß Du sie gern schreibst. Diese Nacht gehe ich von hier ab nach Peschiera, nach den Gebirgen von ...., nach Verona; von da gehe ich nach Mantua und vielleicht nach Mailand, mir einen Kuß zu holen, weil Du mir versicherst, daß Deine Küsse nicht eisig sind. Ich hoffe, daß Du alsdann vollkommen hergestellt bist und mich nach meinem Hauptquartier begleiten kannst, um mich nicht mehr zu verlassen. Bist Du nicht die Seele meines Lebens, die Empfindung meines Herzens?

Deine Schützlinge sind etwas lebhaft; sie sind voll Feuer. Wie sehr bin ich ihnen verpflichtet, daß ich in Rücksicht auf sie etwas tun kann, was Dir angenehm ist. Sie werden sich nach Mailand begeben. Man muß in allen Stücken etwas Geduld haben.

Leb wohl, Du Schöne und Gute, ganz Unvergleichliche, ganz Göttliche, tausend verliebte Küsse.

7ter Brief.

Castiglione, den 22. Juli 1796.

Die Bedürfnisse der Armee erfordern meine Anwesenheit in dieser Gegend, und es ist mir unmöglich, mich bis nach Mailand zu entfernen; denn dazu brauchte ich fünf bis sechs Tage, und während dieser Zeit könnten Bewegungen vorgehen, durch welche meine Gegenwart hier dringend notwendig würde.

Du versicherst mir, daß Deine Gesundheit gut ist; ich bitte Dich deshalb nach Brescia zu kommen. Ich schicke noch in dieser Stunde Murat dahin, um Dir in der Stadt eine Wohnung zu besorgen, wie Du sie gern hast.

Ich glaube, Du wirst wohl tun, den 6. spät von Mailand abzugehen, in Cassano zu übernachten und den 7. nach Brescia zu kommen, wo der zärtlichste Liebhaber Dich erwartet. Ich bin in Verzweiflung, meine Freundin, daß Du zu glauben vermagst, mein Herz könnte sich andern als Dir öffnen; es gehört Dir durch das Recht der Eroberung, und diese Eroberung soll fest und ewig sein. Ich weiß nicht, warum Du von Frau v. Te.... redest, um welche ich mich wenig kümmere, sowie um alle Frauen in Brescia. Was Deine Briefe betrifft, deren Eröffnung von meiner Seite Dir mißfällt, so soll dies der letzte sein; Dein Brief war noch nicht angekommen. Leb wohl, meine zärtliche Freundin, und gib mir oft Nachricht von Dir. Komm schnell zu mir und sei glücklich und ohne Unruhe; alles geht gut und mein Herz ist Dein für das ganze Leben.

Gib ja dem Generaladjutanten Miollis die Schachtel mit Münzen zurück, welche er Dir eingehändigt hat, wie er mir schreibt. Die Menschen haben so schlimme Zungen und sind so boshaft, daß man bei allem sich nach der Regel verhalten muß.

Gesundheit, Liebe und schnelle Ankunft in Brescia.

Ich habe zu Mailand einen Wagen, der zugleich für die Stadt und für das Land eingerichtet ist; Du magst Dich desselben bedienen, um hieher zu kommen. Bringe Dein Silberzeug und einen Teil derjenigen Sachen mit, welche Dir notwendig sind. Mache kleine Tagereisen während der kühlen Stunden, um Dich nicht anzustrengen. Die Truppen brauchen nur drei Tage, um nach Brescia zu kommen. Mit der Post sind es vierzehn Stunden Weges. Ich bitte Dich, den 6. in Cassano zu bleiben, und werde Dir den 7. so weit als möglich entgegen kommen.

Leb wohl, meine Josefine. Tausend zärtliche Küsse.

8ter Brief.

Brescia, den 10. August 1796.

Ich komme hier an, meine anbetungswürdige Freundin, und es ist mein erster Gedanke, Dir zu schreiben. Deine Gesundheit und Dein Bild sind während des ganzen Weges nicht einen Augenblick aus meinem Gedächtnisse gewichen. Ich werde nicht eher ruhig sein, als bis ich Briefe von Dir bekommen habe. Unmöglich kannst Du Dir meine Unruhe vorstellen. Ich habe Dich traurig, verdrießlich und halb krank verlassen. Wenn die höchste, zärtlichste Liebe Dich glücklich machen könnte, so müßtest Du es sein.... Ich bin mit Geschäften überhäuft.

Leb wohl, meine süße Josefine; liebe mich, sei gesund und denke oft an mich.

9ter Brief.

Brescia, den 31. August 1796.

Ich gehe in diesem Augenblicke nach Verona ab. Ich hatte gehofft, von Dir einen Brief zu erhalten; das versetzt mich in eine schreckliche Unruhe. Du warst bei meiner Abreise etwas krank; ich bitte Dich, laß mich nicht in einer solchen Unruhe. Du hattest mir größere Pünktlichkeit versprochen und Deine Rede war damals doch wohl in Übereinstimmung mit Deinem Herzen..... Du, welcher die Natur Sanftmut, Annehmlichkeit und alles gegeben hat, was gefällt, wie kannst Du den vergessen, der Dich so heiß liebt? Drei Tage ohne Briefe von Dir; und doch habe ich Dich gebeten, mir öfter zu schreiben. Die Abwesenheit ist schrecklich, die Nächte dauern ewig; sie sind langweilig und abgeschmackt; der Tag ist eintönig.

Heut, da ich allein mit den Gedanken, den Schreibereien, den Menschen und ihren prunkhaften Plänen, habe ich auch nicht einmal ein Billett von Dir, welches ich an mein Herz drücken könnte.

Das Hauptquartier ist abgegangen und ich folge in einer Stunde. Ich habe diese Nacht einen Expressen von Paris erhalten; er hatte nichts für Dich, als den beiliegenden Brief, welcher Dir Vergnügen machen wird.

Denke an mich, lebe für mich, sei oft bei Deinem Geliebten und glaube, daß es nur ein einziges Unglück für ihn gibt, welches ihn in Schrecken setzt, nämlich das, nicht mehr von seiner Josefine geliebt zu werden. Tausend recht süße, zärtliche, ausdrucksvolle Küsse.

Laß Herrn Monclas sogleich nach Verona abgehen; ich will ihn anstellen. Er muß vor dem 18. ankommen.

10ter Brief.

Ala, den 3. September 1796.

Wir stehen im offenen Felde, meine angebetete Freundin; wir haben die feindlichen Posten geworfen und ihnen acht oder zehn Pferde nebst ebensovielen Reitern abgenommen. Die Truppen sind sehr lustig und bei guter Stimmung. Ich hoffe, daß wir gute Geschäfte machen und den 19. in Trient einrücken werden. Keine Briefe von Dir, das beunruhigt mich wirklich; man versichert mir indes, daß Du Dich wohl befindest, und daß Du sogar auf dem Comersee spazieren gefahren bist. Ich erwarte täglich und mit Ungeduld die Post, welche mir Nachrichten von Dir bringen soll; Du weißt, wie teuer mir dieselben sind. Ich lebe gar nicht, wenn ich entfernt von Dir bin; denn das Glück des Lebens ist bei meiner süßen Josefine. Denke an mich! Schreibe mir oft, sehr oft; das ist das einzige Mittel gegen die Abwesenheit; sie ist grausam, wird aber, wie ich hoffe, nur momentan sein.

11ter Brief.

Montebello, den 10. September 1796.

Meine teure Freundin, der Feind hat achtzehntausend Mann Gefangene verloren; alles andere ist tot oder verwundet. Mit einer Kolonne von fünfzehnhundert Pferden und fünftausend Mann Infanterie hat Wurmser kein anderes Mittel, als sich nach Mantua zu werfen.

Niemals haben wir so beständige und große Erfolge gehabt. Italien, Friaul und Tirol sind der Republik so gut wie zugesichert. Der Kaiser muß eine neue Armee schaffen; Geschütz, Brücken, Equipage, Gepäck, alles ist weggenommen.

In wenigen Tagen werden wir uns sehen; dies ist der süßeste Lohn für meine Mühen und Anstrengungen.

Tausend glühende und sehr verliebte Küsse.

12ter Brief.

Ronco, den 12. September 1796.

Seit zwei Tagen, meine teure Josefine, bin ich hier; ich habe ein schlechtes Lager, schlechte Nahrung und bin sehr verdrießlich, entfernt von Dir zu sein.

Wurmser ist eingeschlossen; er hat dreitausend Mann Kavallerie und fünftausend Mann Infanterie bei sich. Er steht zu Porto Legnano und sucht sich nach Mantua zurückzuziehen; das wird ihm aber nun unmöglich.

Sobald die Sache beendigt ist, eile ich in Deine Arme.

Ich umarme Dich millionenmal.

13ter Brief.

Verona, den 17. September 1796.

Ich schreibe Dir sehr oft, meine liebe Freundin; Du aber schreibst wenig. Du bist böse, häßlich und sehr häßlich, ebensosehr, als Du leichtsinnig bist. Das ist treulos, einen armen Ehemann, einen zärtlichen Liebhaber zu betrügen! Soll er denn seine Rechte verlieren, weil er entfernt ist und von Arbeit, Anstrengung und Kummer niedergedrückt wird? Was bleibt ihm auf der Erde ohne seine Josefine, ohne die Versicherung ihrer Liebe? Was sollte er da noch machen?

Wir haben gestern ein sehr blutiges Gefecht gehabt; der Feind hat viele Leute verloren und ist gänzlich geschlagen worden. Wir haben ihm die Vorstadt von Mantua genommen.

Leb wohl, angebetete Josefine; in einer dieser Nächte werden die Türen sich lärmend öffnen wie vor einem Eifersüchtigen und ich werde in Deinen Armen liegen. Tausend verliebte Küsse.

14ter Brief.

Modena, den 17. Oktober 1796.

Ich habe vorgestern den ganzen Tag im offenen Felde zugebracht und gestern das Bett gehütet. Das Fieber und ein heftiger Kopfschmerz haben mich abgehalten, meiner angebeteten Freundin zu schreiben; allein ich habe ihre Briefe erhalten, habe dieselben an mein Herz, an meine Lippen gedrückt, und der Schmerz der Trennung, tausend Meilen Entfernung, sind verschwunden. In diesem Augenblicke habe ich Dich bei mir gesehen, nicht launenhaft und unwillig, sondern sanft, zärtlich und mit jener Salbung von Güte, welche das ausschließliche Eigentum meiner Josefine ist. Es war ein Traum; urteile, ob er mich vom Fieber geheilt hat. Deine Briefe sind kalt wie fünfzig Jahre; sie gleichen einer fünfzehnjährigen Ehe. Man sieht in ihnen die Freundschaft und die Gefühle dieses Lebenswinters. Pfui, Josefine, das ist von Ihnen sehr boshaft, sehr schlimm, sehr verräterisch. Was bleibt Ihnen noch übrig, um mich sehr beklagenswert zu machen? Mich nicht mehr zu lieben? Ach, das ist schon der Fall! Mich zu hassen? Nun, ich wünsche es, denn alles außer dem Hasse erniedrigt; aber die Gleichgültigkeit mit dem Marmorpuls, dem starren Auge und dem einförmigen Gange!....

Tausend, tausend Küsse, so zärtlich wie mein Herz.

Ich befinde mich etwas besser und reise morgen ab. Die Engländer räumen das Mittelländische Meer. Korsika ist unser. Gute Nachricht für Frankreich und für die Armee.

15ter Brief.

Verona, den 9. November 1796.

Ich bin vorgestern in Verona eingetroffen, liebe Freundin. Obgleich ermüdet, befinde ich mich doch wohl, bin sehr beschäftigt und liebe Dich immer noch leidenschaftlich. Ich umarme Dich tausendmal.

16ter Brief.

Verona, den 23. November 1796.

Ich liebe Dich gar nicht mehr; im Gegenteil, ich verabscheue Dich. Du bist häßlich, sehr ungeschickt, sehr dumm, Du bist eine Aschenbrödel. Du schreibst mir gar nicht; Du liebst Deinen Mann nicht; Du weißt, welches Vergnügen ihm Deine Briefe machen, und Du schreibst ihm nicht sechs zufällig hingeworfene Zeilen.

Was machen Sie denn den ganzen Tag, Madame? Welches so wichtige Geschäft raubt Ihnen die Zeit, an Ihren sehr gütigen Liebhaber zu schreiben? Welche Neigung erstickt und verdrängt die Liebe, die zärtliche, standhafte Liebe, die Sie ihm versprochen haben? Wer mag der wunderbare neue Liebhaber sein, der alle Ihre Augenblicke in Anspruch nimmt, Ihre Tage tyrannisiert und Sie abhält, sich mit Ihrem Gatten zu beschäftigen?

Porträt der Kaiserin Josefine.
Von François Gérard im Museum zu Versailles. (Nach einem Kohlendruck von Braun, Clément & Co. in Dornach i. F. Paris und New-York.)

In der Tat, meine Freundin, ich bin unruhig, keine Nachrichten von Dir zu erhalten; schreibe mir geschwind vier Seiten, und zwar von jenen angenehmen Dingen, welche mein Herz mit Empfindung und Vergnügen erfüllen.

Ich hoffe, Dich in kurzem in meine Arme zu drücken; dann will ich Dich mit einer Million Küssen bedecken, die so glühend sind wie unter dem Äquator.

17ter Brief.

Verona, den 14. November 1796.

Bald hoffe ich in Deinen Armen zu sein, meine süße Freundin. Ich liebe Dich bis zum Rasendwerden. Ich schreibe mit diesem Kurier nach Paris. Alles geht gut. Wurmser ist gestern unter den Mauern von Mantua geschlagen worden. Deinem Gatten fehlt weiter nichts zu seinem Glück als die Liebe Josefinens.

18ter Brief.

Mailand, den 24. November 1796.

Ich komme nach Mailand, ich stürze in Dein Zimmer, ich habe alles verlassen, um Dich zu sehen, Dich in meine Arme zu drücken.... Du bist nicht da, Du ziehst in den Städten umher nach Festen, Du entfernst Dich, wenn ich komme, Du kümmerst Dich nicht mehr um Deinen guten Napoleon. Aus Laune hast Du ihn geliebt. Die Unbeständigkeit macht ihn Dir gleichgültig.

Der Gefahren gewohnt, kenne ich das Mittel gegen den Verdruß und die Leiden des Lebens. Das Unglück, welches ich erfahre, ist nicht zu berechnen: ich hatte ein Recht, nicht darauf zählen zu dürfen.

Ich werde bis zum 9. hier sein; laß Dich aber nicht stören, geh dem Vergnügen nach, denn Dir gehört das Glück. Die ganze Welt ist glücklich, wenn sie Dir gefällt, und Dein Gatte allein ist sehr, sehr unglücklich.

19ter Brief.

Mailand, den 28. November 1796.

Ich erhalte den Kurier, den Berthier nach Genua geschickt hatte. Du hast nicht Zeit gehabt, mir zu schreiben, das sehe ich wohl ein. Umgeben von Spiel und Freude, hättest Du ja unrecht, mir das geringste Opfer zu bringen.

Berthier ist so gütig gewesen, mir den Brief zu zeigen, welchen Du ihm geschrieben hast. Es ist nicht mein Wille, daß Du etwas in Deinen Zeitberechnungen oder in den Belustigungen abänderst, welche man Dir geboten hat; ich bin dieser Mühe nicht wert, und das Glück oder Unglück eines Mannes, welchen Du nicht liebst, hat kein Recht auf Deine Teilnahme.

Was mich betrifft, so ist es das Geschick und der Zweck meines Lebens, Dich allein zu lieben, Dich glücklich zu machen und nichts zu tun, was Dir zuwider sein könnte.

Sei glücklich, wirf mir nichts vor, kümmere Dich nicht um die Glückseligkeit eines Menschen, der nur in Deinem Leben lebt, nur Deine Freude und Dein Glück genießt. Ich habe unrecht, wenn ich von Dir eine, der meinigen gleiche Liebe fordere; denn warum soll man verlangen, daß die feine Brüsseler Spitze so schwer sei als das Gold? Wenn ich Dir alle meine Wünsche, alle meine Gedanken, alle Augenblicke meines Lebens opfere, dann gehorche ich bloß dem Übergewicht, welches Deine Reize, Dein Charakter und Deine ganze Persönlichkeit über mein unglückliches Herz zu erringen gewußt haben. Ich habe unrecht, wenn die Natur mir nicht hinlängliche Reize gegeben hat, um Dich zu fesseln; aber Rücksichten und Achtung verdiene ich von seiten Josefinens, welche ich glühend und einzig liebe.

Leb wohl, anbetungswertes Weib, leb wohl, meine Josefine. Möge das Schicksal auf mein Herz alle Leiden und allen Kummer legen, meiner Josefine aber schöne glückliche Tage schenken. Wer verdient das mehr als sie? Wenn es sich bestätigt, daß sie nicht mehr lieben kann, dann will ich meinen tiefen Schmerz in den eigenen Busen verschließen und mich damit begnügen, ihr einigermaßen nützlich sein zu können.

Ich öffne meinen Brief wieder, um Dir einen Kuß zu geben... Ach, Josefine... Josefine!

20ter Brief.

Forli, den 3. Februar 1797.

Ich habe Dir diesen Morgen geschrieben. Ich gehe diese Nacht ab. Unsere Truppen sind zu Rimini. Dieses Land fängt an, sich zu beruhigen. Noch immer bin ich etwas matt von meinem Schnupfen.

Ich bete Dich an und gebe Dir tausend Küsse.

Meiner Schwester tausend schöne Sachen.

21ter Brief.

Ancona, den 10. Februar 1797.

Wir sind seit zwei Tagen in Ancona. Wir haben nach einem unbedeutenden Gewehrfeuer die Zitadelle durch einen raschen Überfall genommen und zwölfhundert Gefangene gemacht; die zwanzig Offiziere habe ich nach Hause geschickt.

Ich bin noch immer in Ancona. Ich lasse Dich nicht kommen, weil noch nicht alles vorbei ist; allein ich hoffe, es soll in wenig Tagen beendigt sein. Übrigens ist dieses Land sehr schmutzig und alle Welt fürchtet sich.

Morgen gehe ich nach den Gebirgen ab. Du schreibst mir nicht; Du solltest mir doch alle Tage Nachricht von Dir geben.

Ich bitte Dich, täglich spazieren zu gehen; das wird Dir wohl tun.

Ich gebe Dir eine Million Küsse. Ich habe mich nie so gelangweilt, als bei diesem häßlichen Kriege.

Leb wohl, meine süße Freundin; denke an mich.

22ter Brief.

Ancona, den 13. Februar 1797.

Ich erhalte keine Nachricht von Dir und zweifle nicht, daß Du mich nicht mehr liebst. Ich habe Dir Journale und verschiedene Briefe geschickt. In diesem Augenblicke reise ich ab, um über die Gebirge zu gehen. Sobald ich weiß, an was ich mich halten kann, werde ich Dich zu mir kommen lassen, denn das ist der teuerste Wunsch meines Herzens.

Tausend, tausend Küsse.

23ter Brief.

Den 16. Februar 1797.

Du bist traurig, Du bist krank, Du schreibst mir nicht mehr, Du willst nach Paris gehen. Solltest Du Deinen Freund nicht mehr lieben? Dieser Gedanke macht mich unglücklich. Meine süße Freundin, das Leben ist mir unerträglich, seit ich von Deiner Traurigkeit unterrichtet bin.

Ich beeile mich, Dir Moscati zu schicken, damit er Sorge für Dich trage. Meine Gesundheit ist ein wenig schwach; mein Schnupfen dauert noch immer fort. Ich bitte Dich, Dich zu schonen, mich so sehr zu lieben, als ich Dich liebe, und mir alle Tage zu schreiben. Meine Unruhe ist ohnegleichen.

Ich habe Muscatin gesagt, Dich nach Ancona zu begleiten, wenn Du dahin gehen willst. Ich werde Dir dahin schreiben, um Dich zu benachrichtigen, wo ich bin.

Vielleicht schließe ich Frieden mit dem Papste und bin dann in kurzem bei Dir; dies ist der glühendste Wunsch meiner Seele.

Ich gebe Dir hundert Küsse. Glaube, daß nichts meiner Liebe gleicht, als meine Unruhe. Schreibe mir täglich selbst. Lebe wohl, meine sehr teure Freundin.

24ter Brief.

Tolentino, den 19. Februar 1797.

Der Friede mit Rom ist eben unterzeichnet worden. Bologna, Ferrara und die Romagna sind der Republik abgetreten. Der Papst erlegt uns in kurzer Zeit dreißig Millionen, und überläßt uns viele Gegenstände der Kunst.

Ich gehe morgen nach Ancona und von da nach Rimini, Ravenna und Bologna ab. Wenn Deine Gesundheit es Dir erlaubt, so komme nach Rimini oder nach Ravenna; schone Dich aber, ich beschwöre Dich darum.

Kein Wort von Deiner Hand! Guter Gott, was habe ich denn getan? Nur an Dich denken, nur Josefine lieben, nur für meine Gattin leben, mich nur über das Glück meiner Freundin freuen, sollte das von ihrer Seite eine so strenge Behandlung verdienen? Meine Freundin, ich beschwöre Dich, denke oft an mich und schreibe mir alle Tage. Du bist entweder krank oder Du liebst mich nicht! Glaubst Du denn, daß mein Herz von Marmor ist? Und nimmst Du so wenig teil an meinen Leiden? Dann müßtest Du mich sehr schlecht kennen! Ich kann es nicht glauben. Du, welcher die Natur Verstand, Sanftmut und Schönheit gegeben hat, Du, die Du allein herrschen konntest in meinem Herzen, Du, die Du ohne Zweifel nur zu gut die unumschränkte Gewalt kennst, die Du über mich hast!

Schreibe mir, denke an mich und liebe mich.

Für das Leben ganz der Deinige.

25ter Brief.

Lausanne, den 13. Mai 1800.

Ich bin seit gestern zu Lausanne und gehe morgen wieder ab. Meine Gesundheit ist ziemlich gut. Dieses Land ist sehr schön. Ich sehe kein Hindernis, daß Du nicht binnen zehn oder zwölf Tagen zu mir kommen könntest; Du mußt aber incognito reisen und nicht sagen, wohin du gehst, weil ich nicht will, daß man erfahre, was ich zu tun gedenke. Du kannst sagen, Du gingest nach Plombières.

Ich werde Dir Moustache*) schicken, der eben angekommen ist.

Sage Hortensien tausend zärtliche Dinge. Eugen wird erst in acht Tagen ankommen; er ist unterwegs.

26ter Brief.

Den 16. Mai 1800.

Ich reise in diesem Augenblicke ab, um in San Maurizio zu übernachten. Ich habe keine Briefe von Dir erhalten und das ist nicht gut; ich habe Dir mit allen Kurieren geschrieben.

Eugen muß übermorgen ankommen. Ich habe ein wenig den Schnupfen; es wird aber nichts

---

*) Kurier des ersten Konsuls.

sein. Für Dich, meine gute Josefine, und für alles, was Dir angehört, tausend Zärtlichkeiten.

27ter Brief.

Mailand.

Ich bin zu Mailand und habe einen heftigen Katarrh. Ich kann den Regen nicht vertragen und bin einige Stunden lang beregnet worden; es geht indes besser. Ich will Dich nicht veranlassen, hieher zu kommen, denn in einem Monate werde ich zurückkehren. Ich hoffe, Dich gesund zu finden. Ich gehe nach Pavia und la Stradella. Wir sind Herren von Brescia, Cremona und Piacenza. Tausend Zärtlichkeiten. Murat beträgt sich sehr gut.

28ter Brief.

Paris, den . . . . 1802.

Es ist hier so schlechtes Wetter, daß ich in Paris geblieben bin. Malmaison ist, ohne Dich, gar zu traurig. Das Fest war schön; es hat mich etwas ermüdet. Die spanische Fliege, die man mir am Arm gelegt hat, macht mir noch viele Schmerzen. Ich habe aus London*) Pflanzen für Dich erhalten und sie Deinem Gärtner geschickt.

*) Der Prinz Regent, nachmaliger König von England, ließ trotz des Krieges die Pflanzensendungen respektieren, die Josofine aus allen Teilen der Welt erhielt.

Wenn es in Plombières so schlechtes Wetter ist als hier, so wirst du beim Baden viel leiden. Der Mutter und Hortensen tausend schöne Sachen.

29ter Brief.

Malmaison, den 19. Juni 1808.

Ich habe noch keine Nachricht von Dir erhalten; ich denke indessen, daß Du schon angefangen hast, das Wasser zu trinken. Wir sind hier etwas traurig, obgleich die liebenswürdige Tochter*) die Honneurs des Hauses ganz vortrefflich macht. Seit einigen Tagen werde ich etwas von meinem Schmerze geplagt. Der dicke Eugen ist gestern Abend angekommen und befindet sich herrlich. Ich liebe Dich wie am ersten Tage, weil Du über alles gut und liebenswürdig bist.

Hortense hat mir gesagt, sie schreibe Dir oft.

Tausend schöne Dinge und einen Kuß der Liebe. Ganz der Deinige.

30ter Brief.

Malmaison, den 23. Juni 1808.

Ich habe Deinen Brief erhalten, gutes Josefinchen. Mit Kummer sehe ich, daß die Reise Dir nicht bekommen ist; einige Tage Ruhe werden

---

*) Da Madame Ludwig Bonaparte schwanger war, so hatte sie ihre Mutter nicht in das Bad begleitet.

Dir aber wohl tun. Ich bin ziemlich gesund. Ich bin gestern zu Marly auf der Jagd gewesen und habe mich beim Schießen eines wilden Schweines ganz leicht am Finger verwundet.

Hortense befindet sich ziemlich wohl. Dein dicker Sohn ist unwohl gewesen; es geht aber besser.

Ich glaube, die Damen spielen diesen Abend den „Barbier von Sevilla". Das Wetter ist sehr schön. Ich bitte Dich, zu glauben, daß nichts wahrer ist, als die Gefühle, welche ich für meine kleine Josefine hege.

Ganz der Deinige.

31ter Brief.

Malmaison, den 27. Juni 1803.

Dein Brief, mein gutes Weibchen, hat mich benachrichtigt, daß Du unwohl bist. Corvisart*) sagt mir, das wäre ein gutes Zeichen; der Brunnen würde die gewünschte Wirkung hervorbringen und Dich herstellen. Dennoch ist es für mein Herz ein empfindliches Gefühl, zu wissen, daß Du leidest.

Ich habe gestern die Manufaktur von Sèvres und Saint-Cloud besucht.

Tausend schöne Sachen für alle.

Lebenslänglich Dein!

---

*) Leibarzt des ersten Konsuls.

32ter Brief.

Malmaison, den 1. Juni 1803.

Ich habe Deinen Brief vom 10. Messidor erhalten. Du sprichst weder von Deiner Gesundheit, noch von der Wirkung der Bäder. Ich sehe nicht, daß Du in acht Tagen zurückzukommen gedenkst. Das macht Deinem Freunde, welchem so allein die Zeit lang wird, großes Vergnügen!

Du mußt den General Ney gesehen haben, der von Plombières abreist; er wird sich bei seiner Zurückkunft verheiraten.

Hortense hat gestern im „Barbier von Sevilla" die Rosine mit ihrer gewöhnlichen Einsicht gegeben.

Ich bitte Dich, zu glauben, daß ich Dich liebe und sehr ungeduldig bin, Dich wieder zu sehen.

Ohne Dich ist hier alles traurig.

33ter Brief.

Boulogne, den 3. August 1804.

Meine Freundin, ich hoffe, bald zu erfahren, daß die Bäder Dir viel gute Dienste geleistet haben. Ich bin bekümmert wegen aller der Widerwärtigkeiten, welche Du erfahren hast. Ich wünsche, daß Du mir oft schreibst. Meine Gesundheit ist sehr gut, obgleich ich ein wenig matt bin.

Ich gehe binnen wenig Tagen nach Dünkirchen, von wo ich Dir schreiben werde. Eugen ist nach Blois gegangen.

Ich bedecke Dich mit Küssen.

34ter Brief.

Calais, den 6. August 1804.

Meine Freundin, ich bin seit Mitternacht zu Calais und gedenke diesen Abend nach Dünkirchen abzugehen. Ich bin zufrieden mit dem, was ich sehe, und meine Gesundheit ist ziemlich gut. Ich wünsche, daß der Brunnen Dir ebensogut bekommen möge, als mir die Bewegung, der Anblick der Lager und das Meer.

Eugen ist nach Blois abgereist. Hortense befindet sich wohl. Louis*) ist zu Plombières.

Ich wünsche sehr, Dich zu sehen. Du bist immer notwendig zu meinem Glück. Tausend schöne Sachen!

35ter Brief.

Ostende, den 14. August 1804.

Meine Freundin, ich habe seit mehreren Tagen keine Nachricht von Dir erhalten, und dennoch hätte es mich sehr gefreut, von der

---

*) Des Kaisers Bruder, welcher die Tochter der Kaiserin geheiratet hatte.

guten Wirkung der Bäder unterrichtet zu sein, sowie von der Art, wie Du Deine Zeit ausfüllst. Ich bin seit acht Tagen in Ostende. Übermorgen werde ich zu einem ziemlich glänzenden Feste nach Boulogne gehen. Gib mir durch den Kurier Nachricht, was Du zu tun gedenkst, sowie von der Zeit, wo Du Deine Bäder beschließen wirst.

Ich bin sehr zufrieden mit der Armee und den Flottillen. Eugen ist immer noch in Blois. Von Hortense höre ich so wenig, als wenn sie in Kongo wäre. Ich werde ihr schreiben, um sie auszuschmälen.

Tausend Schmeicheleien für alle.

36ter Brief.

Trier, den 6. Oktober 1804.

Meine Freundin, ich komme eben in Trier an; zu derselben Stunde kommst Du nach Saint-Cloud. Ich befinde mich wohl. Gib T.... keine Audienz und schlage es ab, ihn zu sehen. Empfange B...... nicht anders, als öffentlich, und gib ihm keine Privataudienz. Versprich nicht, Heiratskontrakte eher zu unterschreiben, als bis ich sie werde unterschrieben haben.

Ganz der Deinige.

37ter Brief.

Den 2. Oktober 1805.

Ich bin noch hier und in guter Gesundheit. Ich gehe nach Stuttgart, wohin ich diesen Abend kommen werde. Die großen Manövers fangen an. Die württembergische und badensche Armee stößt zu der meinigen. Ich bin in guter Lage und liebe Dich.

38ter Brief.

Den 4. Oktober 1805.

Ich bin in Ludwigsburg und gehe diese Nacht wieder ab. Es gibt noch nichts Neues. Die ganze Armee marschiert, das Wetter ist vortrefflich.

Meine Vereinigung mit den Bayern ist geschehen. Ich befinde mich wohl. Ich hoffe in wenigen Tagen etwas Interessantes berichten zu können.

Sei gesund und glaube fest an alle meine Gefühle. Es gibt hier einen sehr schönen Hof, eine neuvermählte junge Frau und überhaupt sehr liebenswürdige Leute; selbst unsere Kurfürstin scheint gut zu sein, obgleich sie eine Tochter des Königs von England ist.

39ter Brief.

Ludwigsburg, den 5. Oktober 1805.

Ich gehe in diesem Augenblicke ab, um weiter zu marschieren. Du wirst in fünf oder sechs Tagen keine Nachricht von mir bekommen. Sei deshalb nicht unruhig; das hängt von den Operationen ab, welche stattfinden werden. Alles geht gut und so, wie ich es wünschen konnte.

Ich habe hier der Hochzeit vom Sohne des Kurfürsten mit einer Nichte des Königs von Preußen beigewohnt. Ich wünsche, der jungen Prinzessin einen Schmuck von 36- bis 40.000 Franken zu geben; laß ihn verfertigen und schicke ihn der Neuvermählten durch einen meiner Kammerherren, wenn diese zu mir abgehen. Es muß sogleich geschehen.

Leb wohl, meine Freundin; ich liebe und umarme Dich.

40ter Brief.

Augsburg, den 10. Oktober 1805.

Ich habe heut bei dem ehemaligen Kurfürsten von Trier übernachtet, welcher sehr gut wohnt. Seit acht Tagen bin ich unterwegs. Ziemlich bedeutende Erfolge haben den Feldzug eröffnet. Ich befinde mich sehr wohl, obgleich es fast alle Tage regnet. Die Ereignisse folgen rasch aufeinander. Ich habe 4000 Gefangene und 8 Fahnen nach Frankreich geschickt und habe dem Feinde 14 Stück Geschütze abgenommen.

Leb wohl, meine Freundin, ich umarme Dich.

41ter Brief.

Den 12. Oktober 1805.

Meine Armee ist zu München eingetroffen. Der Feind steht zum Teil jenseits des Inn; die andere Armee von 60.000 Mann halte ich an der Iller, zwischen Ulm und Memmingen, blockiert. Der Feind ist geschlagen, hat den Kopf verloren und alles verkündet mir den glücklichsten, glänzendsten und kürzesten Feldzug, den ich jemals gemacht habe. Ich gehe in einer Stunde nach Burgau an der Iller ab.

Ich befinde mich wohl; aber das Wetter ist abscheulich. Ich ziehe mich täglich zweimal anders an, so sehr regnet es.

Ich liebe und umarme Dich.

42ter Brief.

Elchingen, den 19. Oktober 1805.

Ich bin mehr angestrengt worden, meine gute Josefine, als sein sollte. Ich habe eine ganze Woche hindurch alle Tage den Regen auf dem

Leibe und kalte Füße gehabt, und das hat mir geschadet; da ich aber heut nicht ausgegangen bin, so habe ich wieder ausgeruht.

Meine Absicht ist erreicht. Ich habe die österreichische Armee durch bloße Märsche vernichtet; ich habe 60.000 Mann und mehr als 30 Generale gefangen genommen, 120 Kanonen und 90 Fahnen erobert. Ich wende mich nun gegen die Russen; sie sind verloren. Ich bin zufrieden mit meiner Armee. Ich habe bloß 1500 Mann verloren, von denen zwei Drittel nur leicht verwundet sind.

Lebe wohl, meine Josefine; an jedermann tausend schöne Sachen.

Der Prinz Karl kommt, um Wien zu decken.

Ich glaube, Massena muß zu dieser Stunde in Wien sein.

Sobald ich wegen Italien ruhig sein kann, soll Eugen schlagen. Hortensen viele schöne Dinge.

43ter Brief.

Den 21. Oktober 1805.

Ich befinde mich ziemlich wohl, liebe Freundin. Ich gehe unverzüglich nach Augsburg ab. — Ich habe hier 33.000 Mann gezwungen, das Gewehr zu strecken. — Ich habe 60- bis 70.000 Gefangene, mehr als 90 Fahnen und mehr als 200 Stück Geschütze. Nie gab es in den Kriegsannalen eine solche Katastrophe!

Bleibe gesund. Ich bin etwas abgemattet. Das Wetter ist seit drei Tagen schön. Morgen geht die erste Kolonne Gefangener nach Frankreich ab. Jede Kolonne ist 6000 Mann stark.

44ter Brief.

Augsburg, den 23. Oktober 1805.

Während der beiden letzten Nächte habe ich sehr ausgeruht, und morgen gehe ich nach München ab. Ich berufe Herrn von Talleyrand und Herrn Maret zu mir. Ich werde sie wenig sehen, denn ich will mich nach dem Inn begeben, um Österreich im Schoße seiner Erbstaaten anzugreifen.

Ich hätte sehr gewünscht, Dich zu sehen; rechne aber nicht darauf, daß ich Dich rufe, es müßte denn ein Waffenstillstand eintreten, oder wir müßten Winterquartiere beziehen.

Leb wohl, meine Freundin; tausend Küsse. Meine Empfehlungen an die Damen.

45ter Brief.

München, den 27. Oktober 1805.

Ich habe durch Lemarois Deinen Brief erhalten und mit Bedauern gesehen, daß Du Dich zu sehr beunruhigt hast. Man hat mir einzelne Umstände angegeben, welche mir Deine ganze Zärtlichkeit für mich bewiesen; aber Du mußt auch mehr Kraft und Vertrauen haben. Übrigens hatte ich es ja vorausgesagt, daß ich Dir sechs Tage lang nicht schreiben würde.

Ich erwarte morgen den Kurfürsten. Mittags gehe ich ab, um meiner Bewegung gegen den Inn mehr Nachdruck zu geben. Meine Gesundheit ist ziemlich gut. Du darfst nicht daran denken, eher als in vierzehn Tagen oder drei Wochen über den Rhein zu gehen. Du mußt heiter sein, Dich zerstreuen und hoffen, daß wir uns noch vor dem Ende des Monats wiedersehen werden.

Ich rücke gegen die russische Armee vor. In einigen Tagen werde ich schon über den Inn gegangen sein.

Leb wohl, meine geliebte Freundin; tausend freundliche Grüße an Hortense, Eugen und die beiden Napoleons.

Behalte den Brautschmuck noch einige Zeit.

Ich habe gestern den Damen dieser Stadt ein Konzert gegeben. Der Kapellmeister ist ein Mann von Verdienst.

Ich habe in einer Fasanerie des Kurfürsten gejagt; Du siehst also, daß ich nicht ermattet bin. Herr von Talleyrand ist angekommen.

46ter Brief.

Haag, den 3. November 1805.

Ich bin in vollem Marsche begriffen; es ist sehr kalt und die Erde ist einen Fuß hoch mit Schnee bedeckt. Das ist ein wenig hart. Glücklicherweise fehlt es nicht an Holz; denn wir sind hier immer in Wäldern. Ich befinde mich ziemlich wohl. Meine Sachen gehen zu meiner Zufriedenheit, und meine Feinde müssen besorgter sein als ich.

Ich sehne mich, Nachrichten von Dir zu bekommen und zu erfahren, daß Du ohne Unruhe bist.

Leb wohl, meine Freundin, ich will zu Bette gehen.

47ter Brief.

Den 5. November 1805.

Ich bin zu Linz. Das Wetter ist schön. Wir sind achtundzwanzig Lieues von Wien; die Russen halten nicht aus; sie sind in vollem Rückzuge. Das Haus Österreich ist sehr verlegen; man schafft von Wien das ganze Gepäck des Hofes fort. Wahrscheinlich gibt es binnen hier und fünf oder sechs Tagen etwas Neues. Ich wünsche sehr, Dich wieder zu sehen. Meine Gesundheit ist gut.

Ich umarme Dich.

48ter Brief.

Den 15. November 1805.

Ich bin seit zwei Tagen in Wien, meine teure Freundin, und etwas abgemattet. Ich habe die Stadt noch nicht am Tage gesehen, ich bin nur bei Nacht herumgegangen. Morgen empfange ich die Stände und die verschiedenen Behörden. Fast alle meine Truppen sind jenseits der Donau und verfolgen die Russen.

Leb wohl, meine Josefine; sobald es möglich ist, lasse ich Dich kommen. Tausend Zärtlichkeiten.

49ter Brief.

Wien, den 16. November 1805.

Ich schreibe an Herrn von Harville, daß Du abreisen und Dich über Baden und Stuttgart nach München begeben sollst. Du wirst in Stuttgart der Prinzessin Paul den Schmuck übergeben. Es ist genug, wenn Du hiezu fünfzehn bis zwanzigtausend Franken verwendest; das übrige mag dazu dienen, in München den Töchtern der Kurfürstin von Bayern Geschenke zu machen. Alles, was Du durch Frau von Serent*) erfahren hast, ist vollkommen berichtigt. Nimm das nötige mit, um den Damen und Beamten, welche Dienste bei Dir haben, Geschenke machen zu können. Sei artig, nimm aber alle Huldigungen an, denn man ist Dir alles schuldig, und Du bist niemandem etwas schuldig, als was Du aus Höflichkeit gewähren willst. Die Kurfürstin von Württemberg ist eine Tochter des Königs von England; sie ist eine gute Frau, und Du mußt sie auch gut, aber ohne Zwang behandeln.

Ich werde mich freuen, Dich zu sehen, sobald meine Geschäfte es erlauben. Ich gehe zu meiner Avantgarde; es ist ein schreckliches Wetter und schneit stark. Übrigens gehen meine Angelegenheiten gut.

Leb wohl, meine teure Freundin.

50ter Brief.

Austerlitz, den 3. Dezember 1805.

Ich habe Lebrun vom Schlachtfeld aus an Dich abgeschickt. Ich habe die von den beiden Kaisern befehligte russisch-österreichische Armee geschlagen. Ich habe mich etwas angestrengt und bei ziemlich kalten Nächten acht Tage unter freiem Himmel biwakiert. Ich übernachte heute im Schlosse des Fürsten Kaunitz, wo ich zwei oder drei Stunden schlafen werde. Die russische Armee ist nicht bloß geschlagen, sondern vernichtet.

Ich umarme Dich.

---

*) Die Gräfin von Serent, Palast-Dame der Kaiserin.

51ter Brief.

Austerlitz, den 5. Dezember 1805.

Ich habe einen Waffenstillstand geschlossen. Die Russen ziehen ab. Die Schlacht von Austerlitz ist die schönste von allen, welche ich geschlagen habe; 45 Fahnen, mehr als 150 Geschütze, die Standarten der russischen Garde, 20 Generale und 30.000 Mann Gefangene, mehr als 20.000 Tote — schreckliches Schauspiel!

Der Kaiser Alexander ist in Verzweiflung und geht sofort nach Rußland. Ich habe gestern den deutschen Kaiser in meinem Biwak empfangen; wir haben zwei Stunden miteinander geplaudert und sind übereingekommen, schnell Frieden zu schließen.

Das Wetter ist noch immer sehr schlecht. Da ist nun endlich dem Festlande die Ruhe wiedergegeben; man muß hoffen, daß die ganze Welt sie bekomme, denn die Engländer können uns nicht mehr die Stirn bieten.

Mit großem Vergnügen sehe ich dem Augenblick entgegen, der mich Dir wieder nahebringen wird.

Es gibt jetzt ein Augenübel, welches zwei Tage dauert; es hat mich noch nicht betroffen.

Leb wohl, meine liebe Freundin, ich befinde mich ganz wohl und sehne mich sehr, Dich zu umarmen.

52ter Brief.

Austerlitz, den 7. Dezember 1805.

Ich habe einen Waffenstillstand geschlossen, und ehe acht Tage vergehen, wird Friede gemacht werden. Ich wünsche zu erfahren, daß Du bei guter Gesundheit in München angekommen bist. Die Russen marschieren ab; sie haben einen ungeheueren Verlust gehabt. Mehr als 20.000 Tote und 30.000 Gefangene — ihre Armee ist um drei Viertel geschmolzen. Buxhöwden, ihr kommandierender General, ist geblieben. Ich habe 3000 Verwundete und 7- bis 800 Tote.

Ich habe etwas Augenschmerzen; es ist eine jetzt gewöhnliche Krankheit, hat aber wenig zu bedeuten.

Leb wohl, meine Freundin; ich wünsche sehr, Dich bald wiederzusehen.

Ich werde diese Nacht in Wien schlafen.

53ter Brief.

Brünn, den 10. Dezember 1805.

Ich habe sehr lange keine Nachricht von Dir bekommen. Machen denn die schönen Feste in Baden, Stuttgart und München, daß Du die armen Soldaten vergessen kannst, welche mit Schmutz, Regen und Blut bedeckt leben?

In kurzem gehe ich nach Wien ab. Man arbeitet am Frieden. Die Russen sind abgezogen und fliehen weit von hier. Sie kehren, derb geschlagen und sehr gedemütigt, nach Rußland zurück.

Ich wünsche sehr, mich wieder bei Dir zu befinden.

Leb wohl, meine Freundin.

Mein Augenübel ist geheilt.

54ter Brief.

Den 19. Dezember 1805.

Große Kaiserin, nicht einen einzigen Brief von Ihnen seit Ihrer Abreise von Straßburg. Sie sind in Baden, Stuttgart und München gewesen, ohne uns ein Wort zu schreiben. Das ist weder sehr freundschaftlich, noch sehr zärtlich! Ich bin noch immer zu Brünn; ich habe Waffenstillstand. In wenigen Tagen werde ich sehen, was aus mir wird. Geruhen Dieselben, von der Höhe ihrer Größe herab sich ein wenig mit Ihren Sklaven zu beschäftigen.

55ter Brief.

Schönbrunn, den 20. Dezember 1805.

Ich empfange Deinen Brief vom 25., und sehe mit Bedauern, daß Du leidend bist. Das ist wahrlich kein guter Zustand, um in dieser Jahreszeit hundert Meilen weit zu reisen. Ich weiß nicht, was ich tun werde; ich hänge von den Ereignissen ab, habe keinen Willen und erwarte alles von ihrem Ausgange. Bleibe zu München, belustige Dich; das ist nicht schwer, wenn man soviele liebenswürdige Personen hat und in einem so angenehmen Lande ist.

Was mich betrifft, so bin ich ziemlich beschäftigt. In einigen Tagen werde ich einen Entschluß gefaßt haben.

Leb wohl, meine Freundin; tausend Zärtlichkeiten und schöne Dinge.

56ter Brief.

Den 5. Oktober 1806.

Es findet keine Schwierigkeit dabei statt, daß die Prinzessin von Baden nach Mainz gehe. Ich weiß nicht, warum Du weinst; Du hast unrecht, Dir selbst zu schaden. Hortense ist wenig pedantisch; sie erteilt gern guten Rat. Sie hat mir geschrieben, und ich antwortete ihr. Sie muß glücklich und heiter sein. Mut und Heiterkeit, das ist das Rezept.

Leb wohl, meine Freundin. Der Großherzog hat von Dir gesprochen; er hat Dich zur Zeit des Rückzuges in Florenz gesehen.

57ter Brief.

Bamberg, den 7. Oktober 1806.

Ich gehe diesen Abend nach Kronach ab, meine Freundin. Meine ganze Armee ist in Bewegung. Alles marschiert gut; meine Gesundheit ist vortrefflich. Ich habe erst einen einzigen Brief von Dir erhalten. Ich habe Briefe von Eugen und Hortense bekommen. Stephanie*) muß bei Dir sein. Ihr Mann will Krieg führen; er ist bei mir.

Leb wohl; tausend Küsse und gute Gesundheit.

58ter Brief.

Gera, den 13. Oktober 1806.

Ich bin heut in Gera, liebe Freundin; meine Angelegenheiten gehen sehr gut und ganz, wie ich es hoffen konnte. Mit Gottes Hilfe wird, wie ich glaube, in wenigen Tagen die Sache einen sehr schrecklichen Charakter für den armen König von Preußen annehmen, den ich persönlich bedauere, weil er gut ist. Die Königin ist zu Erfurt beim Könige. Wenn sie eine Schlacht sehen will, so wird sie dieses grausame Vergnügen haben. Ich befinde mich vortrefflich und bin seit meiner

---

*) Stephanie von Beauharnais, Tochter des Grafen von Beauharnais, vom Kaiser adoptiert und mit dem Erbprinzen von Baden vermählt.

Abreise schon dicker geworden; indes mache ich für meine Person täglich zwanzig bis fünfundzwanzig Meilen, zu Pferde, zu Wagen, auf jede Art. Ich lege mich acht Uhr nieder und stehe Mitternacht wieder auf; ich denke dann zuweilen, daß Du noch nicht zu Bette bist. Ganz der Deinige.

59ter Brief.

Jena, den 15. Oktober 1806.

Meine Freundin, ich habe schöne Manövers gegen die Preußen gemacht. Ich habe gestern einen großen Sieg erfochten. Sie waren 150.000 Mann stark; ich habe 20.000 Gefangene gemacht, 100 Kanonen und viele Fahnen erobert. Ich war unmittelbar in der Schlacht und nahe beim Könige von Preußen; ich habe ihn und die Königin beinahe gefangen genommen. Ich biwakiere seit zwei Tagen und befinde mich vortrefflich.

Leb wohl, meine Freundin; sei gesund und liebe mich. Wenn Hortense zu Mainz ist, gib ihr einen Kuß, sowie Napoleon und dem Kleinen.

60ter Brief.

Weimar, den 16. Oktober 1806.

Herr Talleyrand wird Dir das Bulletin gezeigt haben, liebe Freundin, und du wirst darin meine Erfolge gesehen haben. Alles ist, wie ich es berechnet hatte, und nie ist eine Armee vollkommener geschlagen worden und so ganz verloren gegangen. Es bleibt mir noch zu sagen übrig, daß ich mich wohl befinde, und daß Anstrengungen, Biwaks und Nachtwachen mich fett gemacht haben. Leb wohl, meine liebe Freundin; Hortensen und dem großen Herrn Napoleon tausend hübsche Sachen.

61ter Brief.

Wittenberg, den 23. Oktober 1806.

Ich habe mehre Briefe von Dir erhalten. Ich schreibe Dir nur ein Wort: Meine Sachen gehen gut. Morgen werde ich in Potsdam, und den 25. in Berlin sein. Ich befinde mich vortrefflich; die Anstrengung bekommt mir. Ich freue mich, Dich mit Hortensen und Stephanien in großer Gesellschaft zu wissen. Das Wetter ist bis jetzt schön.

Tausend freundschaftliche Dinge Stephanien und allen, ohne Herrn Napoleon zu vergessen.

Leb wohl, meine Freundin. Ganz der Deinige.

62ter Brief.

Potsdam, den 24. Oktober 1806.

Ich bin seit gestern in Potsdam, liebe Freundin. Noch immer bin ich zufrieden mit den Angelegenheiten. Meine Gesundheit ist gut und das

Wetter sehr schön. Ich finde Sans-Souci sehr angenehm. Leb wohl, meine Freundin. Viele Grüße an Hortense und Herrn Napoleon.

63ter Brief.

Den 1. November 1806.

Eben kommt Talleyrand, meine Freundin, und sagt mir, daß Du nichts anderes tust, als weinen. Was willst Du denn? Du hast Deine Tochter, Deine Enkel und gute Nachrichten; das sind doch Mittel genug, zufrieden und glücklich zu sein.

Das Wetter ist hier köstlich; es ist während des ganzen Feldzuges noch nicht ein Regentropfen gefallen. Ich befinde mich sehr wohl, und alles geht auf das beste.

Leb wohl, meine Freundin. Ich habe einen Brief von Herrn Napoleon erhalten; ich glaube aber nicht, daß er von ihm ist, sondern von Hortensen.

Tausend schöne Sachen an alle.

64ter Brief.

Berlin, den 2. November 1806.

Ich erhalte Deinen Brief vom 26. Oktober. Wir haben hier köstliches Wetter. Du wirst aus dem Bulletin sehen, daß wir Stettin genommen haben; es ist ein sehr fester Platz. Alle meine Geschäfte gehen auf das beste und ich bin sehr zufrieden. Es fehlt mir das Vergnügen, Dich zu sehen; aber ich hoffe, es soll nicht lange mehr dauern.

Tausend Grüße an Hortensen, Stephanie und den kleinen Napoleon.

Leb wohl, meine Freundin. Ganz der Deinige.

65ter Brief.

Den 6. November 1806.

Ich habe Deinen Brief erhalten, worin Du über das Böse, was ich von den Frauen sage *), unwillig zu sein scheinst, und in der Tat, ich hasse die ränkesüchtigen Weiber mehr, als alles. Ich bin an gute, sanfte, versöhnliche Frauen gewöhnt; die sind es, welche ich liebe. Wenn sie mich verdorben haben, so ist es nicht mein Fehler, sondern der Deinige. Übrigens wirst du sehen, daß ich gegen eine, die sich gefühlvoll und gut gezeigt hat, auch sehr gut gewesen bin, nämlich gegen Frau von Hatzfeld. Als ich ihr den Brief ihres Mannes zeigte, sprach sie schluchzend, mit einem tiefen Gefühl und sehr natürlich: „Ach ja, das ist seine Hand!" Als sie las, drang ihr Ton in die

---

*) In dem Briefe, wovon hier die Rede ist, hatte die Kaiserin dem Kaiser gesagt, wie sehr sie sich darüber betrübte, die Königin in den Bulletins der großen Armee mit so wenig Schonung behandelt zu sehen.

Bonaparte und Napoleon in bis jetzt noch nicht veröffentlichten Skizzen. Von David. (Sammlung von Chéramy.)

Seele; sie dauerte mich. Ich sagte zu ihr: „Nun, Madame, werfen Sie diesen Brief ins Feuer; ich werde nicht mächtig genug mehr sein, um Ihren Mann bestrafen zu lassen." Sie verbrannte den Brief und schien sehr glücklich zu sein. Ihr Mann ist seitdem ganz ruhig; zwei Stunden später, und er war verloren. Du siehst also, daß ich die guten, natürlichen und sanften Frauen liebe; das kommt aber daher, daß nur diese Dir gleichen.

Leb wohl, meine Freundin; ich bin gesund.

66ter Brief.

Den 9. November 1806.

Meine teure Freundin, ich habe Dir gute Nachrichten mitzuteilen. Magdeburg hat sich ergeben, und in Lübeck habe ich am 7. November 20.000 Mann gefangen genommen, die mir acht Tage lang entgangen waren. Da ist also die ganze Armee gefangen; Preußen behält jenseits der Weichsel nicht 20.000 Mann mehr. Mehre meiner Armeekorps sind in Polen. Ich bin noch immer in Berlin und befinde mich ziemlich wohl.

Leb wohl, meine Freundin; tausend Grüße an Hortensen, Stephanien und an die kleinen Napoleons.

Ganz der Deinige.

67ter Brief.

Den 16. November 1806.

Ich erhalte Deinen Brief vom 11. November und sehe mit Zufriedenheit, daß meine Gesinnungen Dir angenehm sind. Du hast unrecht, zu glauben, daß sie schmeichlerisch wären; ich habe von Dir gesprochen, wie ich Dich sehe. Ich bin betrübt, wenn ich denke, daß Du in Mainz Langeweile hast. Wenn die Reise nicht zu weit wäre, so könntest Du bis hieher kommen, denn es ist nirgends ein Feind, als jenseits der Weichsel, das heißt mehr als 120 Lieues von hier. Ich will abwarten, was Du dazu meinst. Auch werde ich mich sehr freuen, Herrn Napoleon wieder zu sehen.

Leb wohl, meine teure Freundin. Ganz der Deinige. Ich habe hier noch zu viele Geschäfte, als daß ich nach Paris zurückkehren könnte.

68ter Brief.

Den 22. November 1806.

Ich erhalte Deinen Brief. Es tut mir weh, Dich traurig zu sehen; dennoch hast Du bloß Ursache, heiter zu sein. Du hast unrecht, so gütig gegen Leute zu sein, welche dessen unwert sind. Frau von L...... ist eine Närrin; sie ist so dumm, daß Du sie kennen und ihr nicht die geringste Aufmerksamkeit schenken solltest. Sei zufrieden, sei glücklich durch meine Freundschaft und durch alles, was Du mir einflößest. Ich werde mich in einigen Tagen entschließen, Dich hieher zu rufen, oder nach Paris zu schicken.

Leb wohl, meine Freundin; Du kannst jetzt, wenn Du willst, nach Darmstadt oder nach Frankfurt gehen, das wird Dich zerstreuen.

Tausend Grüße an Hortensien.

69ter Brief.

Den 26. November 1806.

Ich bin in Küstrin, um eine Umreise und einige Rekognoszierungen zu unternehmen; in zwei Tagen werde ich sehen, ob Du kommen sollst. Du kannst Dich bereit halten. Es würde mich sehr freuen, wenn die Königin von Holland die Reise mitmachte. Die Großherzogin von Baden muß deshalb an ihren Gemahl schreiben.

Es ist früh 2 Uhr und ich bin eben aufgestanden; das ist Kriegsgebrauch.

Tausend freundliche Grüße an dich und alle.

70ter Brief.

Meseritz, den 27. . . . . . 1806.

Ich bin im Begriff, einen Zug nach Polen zu machen; dies hier ist die erste Stadt. Ich werde diesen Abend in Posen sein und Dich alsdann nach Berlin rufen, so daß Du an demselben Tage dort ankommst, wie ich. Meine Gesundheit ist gut, das Wetter hingegen ist ziemlich schlecht; es regnet seit drei Tagen. Meine Sachen gehen gut. Die Russen fliehen.

Leb wohl, meine Freundin; tausend freundliche Grüße an Hortensen, Stephanien und die kleinen Napoleons.

71ter Brief.

Posen, den 29. . . . . 1806.

Ich bin in Posen, der Hauptstadt von Großpolen. Die Kälte beginnt; ich befinde mich wohl. Ich werde eine Reise durch Polen machen. Meine Truppen stehen vor den Toren von Warschau.

Leb wohl, meine Freundin; tausend schöne Dinge. Ich umarme Dich herzlich.

72ter Brief.

Posen, den 2. Dezember 1806.

Heut ist der Jahrestag von Austerlitz. Ich bin in der Stadt zu einem Balle gewesen. Es regnet. Ich befinde mich wohl. Ich liebe Dich und sehne mich nach Dir. Meine Truppen sind zu Warschau. Es ist noch nicht kalt gewesen. Alle diese Polinnen sind Französinnen; für mich

aber gibt es nur eine einzige. Solltest Du sie
kennen? Ich könnte Dir wohl ihr Porträt liefern,
müßte aber zu sehr schmeicheln, wenn Du Dich
erkennen solltest; um jedoch die Wahrheit zu
sprechen, so würde mein Herz nur Gutes zu sagen
haben. Diese Nächte sind hier sehr lang, wenn
man allein ist.
    Ganz der Deinige.

73ter Brief.

Den 3. Dezember 1806, Mittags.

Ich erhalte Deinen Brief vom 26. November
und sehe darin zwei Dinge. Du sagst, ich
lese Deine Briefe nicht; das ist nicht gut gedacht,
und ich weiß Dir schlechten Dank für eine so böse
Meinung. Du sagst mir: das könnte von irgend-
einem nächtlichen Traume herkommen, und fügst
hinzu, Du wärest nicht eifersüchtig. Ich habe seit
langer Zeit schon bemerkt, daß die jähzornigen
Leute immer behaupten, sie wären nicht jähzornig,
und daß die Furchtsamen oft sagen, sie kennten
keine Furcht; Du bist also der Eifersucht über-
wiesen, und das freut mich außerordentlich!
Übrigens hast Du unrecht; ich sinne auf nichts
weniger, und in den Wüsten Polens denkt man
nicht sehr an die schönen ..... Der Adel der
Provinz hat mir gestern einen Ball gegeben;
ziemlich hübsche, ziemlich reiche und, obgleich

nach der Pariser Mode, ziemlich schlecht gekleidete Frauen.

Leb wohl, meine Freundin; ich befinde mich wohl. Ganz der Deinige.

74ter Brief.

Posen, den 3. Dezember 1806, Abends.

Ich erhalte Deinen Brief vom 27. November, worin ich sehe, daß Du Dein Köpfchen aufgesetzt hast. Ich erinnerte mich dabei des Verses:

Des Weibes Wunsch ist ein verzehrend Feuer.

Du mußt Dich indes beruhigen. Ich habe Dir geschrieben, daß ich mich in Polen befände und daß Du kommen könntest, sobald die Winterquartiere bezogen wären; Du mußt also einige Tage warten. Je größer man ist, desto weniger eigenen Willen darf man haben; man hängt von den Ereignissen, von den Umständen ab. Du kannst nach Frankfurt oder nach Darmstadt gehen. Ich hoffe, Dich in einigen Tagen zu rufen, wenn es die Begebenheiten gestatten. Die Hitze Deines Briefes zeigt mir, daß Ihr hübschen Frauen keine Schranken kennt, denn was Ihr wollt, soll geschehen; was aber mich betrifft, so bin ich am meisten Sklave der Menschen. Mein Gebieter hat keine Eingeweide, und dieser Gebieter ist die Natur der Dinge.

Leb wohl, meine Freundin; bleibe gesund. Die Person, von der ich reden wollte, ist Frau von L........, von der jederman viel Böses sagt; man versichert mir, sie wäre mehr Preußin als Französin. Ich glaube es nicht; allein ich halte sie für eine Närrin, die nur Dummheiten redet.

75ter Brief.

Den 9. Dezember 1806.

Ich habe Deinen Brief vom 1. Dezember erhalten und sehe mit Vergnügen, daß Du heiterer bist, und daß die Königin von Holland mit Dir kommen will. Ich kann es kaum erwarten, Befehl dazu zu geben; allein es muß noch einige Tage Anstand haben. Meine Geschäfte gehen gut.

Leb wohl, meine Freundin; ich liebe Dich und will Dich glücklich sehen.

76ter Brief.

Den 10. Dezember 1806.

Ein Offizier überbringt mir von Dir einen Teppich. Er ist zwar etwas kurz und schmal; allein ich danke Dir darum nicht weniger dafür. Meine Angelegenheiten gehen ziemlich gut. Ich liebe Dich und sehne mich sehr nach Dir.

Leb wohl, meine Freundin; ich werde Dir schreiben zu kommen, und zwar wenigstens mit ebensogroßem Vergnügen, als Du kommen wirst. Ganz der Deinige.

Einen Kuß für Hortensen, Stephanien und Napoleon.

77ter Brief.

Den 12. Dezember 1806.

Ich habe keine Briefe von Dir erhalten, meine Freundin; ich weiß indessen, daß Du Dich wohl befindest. Meine Gesundheit ist gut, das Wetter sehr mild. Die schlimme Jahreszeit hat noch nicht begonnen; allein die Wege sind schlecht in einem Lande, wo es keine Chausseen gibt. Hortense wird also mit Napoleon kommen; ich bin darüber sehr erfreut. Die Zeit wird mir sehr lang, bis der Gang der Sachen mich in den Stand setzt, Dich kommen zu lassen.

Ich habe den Frieden mit Sachsen geschlossen. Der Kurfürst ist König geworden und dem Rheinbunde beigetreten.

Leb wohl, meine geliebte Josefine. Ganz der Deinige.

Einen Kuß für Hortensen, Napoleon und Stephanien.

Der berühmte Musiker Paer, seine Frau (die Virtuosin, welche Du vor zwölf Jahren in Mailand gesehen hast) und Brizzi befinden sich hier und machen mir alle Abend ein wenig Musik.

78ter Brief.

Den 15. Dezember 1806.

Meine Freundin, ich gehe nach Warschau ab. Ungefähr in vierzehn Tagen komme ich zurück. Ich hoffe, Dich alsdann rufen zu können. Sollte indes die Sache lange dauern, so würde ich es gern sehen, wenn Du nach Paris zurückkehrtest, wo man nach Dir verlangt. Du weißt wohl, daß ich von den Ereignissen abhänge. Alle meine Geschäfte gehen sehr gut. Meine Gesundheit ist vortrefflich, ich befinde mich auf das beste.

Leb wohl, meine Freundin.

Ich habe mit Sachsen Frieden geschlossen. Ganz der Deinige.

79ter Brief.

Warschau, den 20. Dezember 1806.

Ich habe keine Nachricht von Dir erhalten, meine Freundin. Ich befinde mich wohl und bin seit zwei Tagen in Warschau. Meine Geschäfte gehen gut. Das Wetter ist sehr mild und sogar ein wenig feucht. Es hat noch nicht stark gefroren und ist Wetter wie im Oktober.

Leb wohl, meine Freundin. Ich möchte Dich gern sehen; indes hoffe ich, daß ich Dich in fünf bis sechs Tagen werde rufen können.

Tausend freundliche Grüße an die Königin von Holland und ihre kleinen Napoleons. Ganz der Deinige.

80ter Brief.

Golimin, den 29. Dezember 1806.

Ich schreibe Dir nur ein Wort, meine Freundin; ich bin in einer elenden Scheuer. Ich habe die Russen geschlagen und ihnen 30 Kanonen, ihre Bagage und 6000 Gefangene abgenommen; das Wetter ist aber abscheulich, es regnet und wir gehen im Schmutz bis an die Knie.

In zwei Tagen bin ich in Warschau, von wo ich Dir schreiben werde. Ganz der Deinige.

81ter Brief.

Pultusk, den 31. Dezember 1806.

Ich habe recht gelacht, als ich Deine letzten Briefe erhielt. Du machst Dir von den Schönen Großpolens eine Vorstellung, die sie nicht verdienen. Ich habe zwei oder drei Tage das Vergnügen gehabt, Paer und zwei Sängerinnen zu hören, die mir recht gute Musik gemacht haben. Ich habe Deinen Brief in einer elenden Scheuer erhalten, wo ich zum Nachtlager nichts hatte, als Wind, Schmutz und Stroh. Morgen bin ich in Warschau. Ich glaube, es ist für dieses Jahr alles vorbei. Die Armee wird die Winterquartiere beziehen. Ich zucke die Achseln über die Dummheit der Frau von L........; Du solltest indes unwillig werden und ihr raten, keine solche Närrin zu sein. Das kommt ins Publikum und bringt viele Leute auf.

Was mich betrifft, so verachte ich die Undankbarkeit als den niedrigsten Fehler des Herzens. Ich weiß, daß sie Dich betrübt haben, anstatt Dich zu trösten.

Leb wohl, meine Freundin; ich bin gesund. Ich meine nicht, daß Du nach Kassel gehen sollst; es ist nicht schicklich. Du kannst nach Darmstadt gehen.

82ter Brief.

Warschau, den 3. Januar 1807.

Ich habe Deinen Brief erhalten, liebe Freundin, Dein Schmerz rührt mich; doch muß man sich den Ereignissen unterwerfen. Es ist zu weit von Mainz bis nach Warschau; also müssen die Umstände mir erst erlauben, nach Berlin zu gehen, daß ich Dir schreiben kann, dorthin zu kommen. Der geschlagene Feind entfernt sich indes; ich habe jedoch hier sehr viel zu ordnen. Es wäre sehr meine Meinung, daß Du nach Paris zurückkehrtest, wo Du notwendig bist. Schicke die Damen fort, welche ihre eigenen Angelegenheiten haben mögen; Du wirst dabei gewinnen, Dich von

Menschen befreit zu sehen, welche Dich sehr haben langweilen müssen.

Ich befinde mich wohl. Es ist schlechtes Wetter. Ich liebe Dich herzlich.

83ter Brief.

Warschau, den 7. Januar 1807.

Meine Freundin, ich bin gerührt von allem, was Du mir sagst; allein bei der kalten Witterung, bei den sehr schlechten, unsichern Wegen, kann ich es nicht gestatten, daß Du Dich so vielen Anstrengungen und Gefahren aussetzest. Geh nach Paris zurück, um den Winter daselbst zu bleiben. Du gehst nach den Tuilerien. Nimm dort Aufwartung an und führe dasselbe Leben, welches Du zu führen gewohnt bist, wenn ich da bin; das ist mein Wille. Vielleicht komme ich bald zu Dir; Du mußt aber unausbleiblich darauf Verzicht leisten, in dieser Jahreszeit, mitten durch ein feindliches Land und im Rücken der Armee, dreihundert Lieues weit zu reisen. Glaube, daß es mir mehr kostet, als Dir, das Glück, Dich zu sehen, einige Wochen verschieben zu müssen; so gebieten es aber die Umstände und der gute Gang der Geschäfte.

Leb wohl, meine Freundin; sei heiter und zeige Charakter.

84ter Brief.

Warschau, den 8. Januar 1807.

Liebe Freundin, ich erhalte Deinen Brief vom 27., nebst den beigelegten Briefen Napoleons und Hortensens. Ich hatte Dich gebeten, wieder nach Paris zu gehen: das Wetter ist zu schlecht, die Wege sind unsicher und abscheulich, die Entfernungen zu groß, und ich kann es also nicht erlauben, daß Du hieher kommst, wo meine Geschäfte mich aufhalten. Du brauchst wenigstens einen Monat zu dieser Reise. Du würdest krank ankommen und müßtest vielleicht sogleich wieder abreisen. Es wäre also eine Torheit. Dein Aufenthalt in Mainz ist zu traurig, und Paris ruft Dich; geh also dahin, es ist mein Wunsch. Ich bin mehr noch gehemmt als Du, denn gar zu gern hätte ich die langen Nächte dieser Jahreszeit mit Dir geteilt; man muß aber den Umständen gehorchen.

Leb wohl, meine Freundin. Ganz der Deinige.

85ter Brief.

Warschau, den 11. Januar 1807.

Ich habe Deinen Brief vom 27. erhalten, und sehe daraus, daß Du über die Kriegsereignisse ein wenig unruhig warst. Es ist, wie ich Dir geschrieben habe, alles zu meiner Zufriedenheit beendigt; meine Angelegenheiten gehen gut. Die Entfernung ist zu groß, als daß ich Dir erlauben könnte, in dieser Jahreszeit so weit herzukommen. Ich befinde mich wohl, werde aber zuweilen durch die Länge der Nächte gelangweilt.

Ich sehe hier bis jetzt wenig Gesellschaft bei mir. Leb wohl, meine Freundin; ich wünschte, daß Du heiter sein und in der Hauptstadt etwas mehr Leben verbreiten möchtest. Gern wäre ich auch dort. Ganz der Deinige.

Ich hoffe, daß die Königin mit Herrn Napoleon nach dem Haag gegangen ist.

86ter Brief.

Den 16. Januar 1807.

Liebe Freundin, ich habe Deinen Brief vom 5. Januar erhalten, und alles, was Du mir von Deinem Schmerze sagst, bekümmert mich. Warum Tränen, Kummer? Hast Du denn keinen Mut mehr? Ich werde Dich bald sehen.

Zweifle nie an meinen Gesinnungen, und wenn Du mir noch teurer sein willst, so zeige Charakter und Seelenstärke. Es demütigt mich, zu denken, daß meine Gemahlin an meinem Geschick zweifeln könnte.

Leb wohl, meine Freundin; ich liebe Dich, wünsche Dich zu sehen und will Dich zufrieden und glücklich wissen.

87ter Brief.

Warschau, den 18. Januar 1807.

Ich fürchte, daß unsere Trennung, die sich noch einige Wochen verlängern muß, und Deine Rückkehr nach Paris, Dir vielen Verdruß macht. Ich verlange, daß Du mehr Kraft besitzest. Man sagt mir, Du weintest immer; pfui, das ist häßlich. Dein Brief vom 7. Januar macht mir Kummer. Sei meiner würdig und nimm mehr Charakter an. Besorge in Paris die schickliche Repräsentation und vorzüglich sei zufrieden.

Ich befinde mich wohl und liebe Dich sehr; aber wenn Du immer weinst, werde ich Dich für mut- und charakterlos halten. Ich liebe die feigen Menschen nicht; eine Kaiserin muß Herz haben.

88ter Brief.

Warschau, den 19. Januar 1807.

Meine Freundin, ich habe Deinen Brief erhalten und über Deine Furcht vor dem Feuer gelacht. Ich bin in Verzweiflung über den Ton Deiner Briefe und über das, was mich darin angeht. Ich verbiete Dir, zu weinen und verdrießlich und unruhig zu sein; Du sollst heiter, liebenswürdig und glücklich sein.

89ter Brief.

Den 23. Januar 1807.

Ich erhalte Deinen Brief vom 15. Januar. Es ist unmöglich, daß ich Frauen eine solche Reise erlaube; es gibt nichts, als schlechte, unsichere, schmutzige Wege. Geh nach Paris zurück, sei heiter, sei zufrieden; vielleicht komme ich auch bald. Ich habe gelacht, daß Du mir sagst, Du hättest einen Mann genommen, um mit ihm zu leben. Ich glaubte in meiner Unwissenheit, das Weib wäre für den Mann geschaffen, der Mann für das Vaterland, und die Familie für den Ruhm. Verzeihung für meine Unwissenheit; man lernt immer etwas von unsern schönen Frauen.

Leb wohl, meine Freundin. Glaube, daß es mir viel kostet, Dich nicht kommen zu lassen; allein sage zu Dir selbst: „Es ist ein Beweis, wie teuer ich ihm bin."

90ter Brief.

Den 25. Januar 1807.

Ich sehe mit Kummer, daß Du leidest. Ich hoffe, Du bist in Paris; dort wirst Du Dich erholen. Ich teile Deinen Kummer und beklage mich nicht; aber durchaus kann ich Dich nicht zugrunde gehen lassen, indem ich Dich An-

Josefine.
(Kreideskizze von David.)

strengungen und Gefahren aussetze, die weder für Deinen Rang, noch für Dein Geschlecht sind.

Ich wünsche, daß Du T..... zu Paris nie annimmst; er ist ein schlechter Mensch, und Du würdest mich betrüben, wenn Du anders handeltest.

Leb wohl, teure Freundin; liebe mich und sei mutig.

91ter Brief.

Den 26. Januar 1807.

Liebe Freundin, ich habe Deinen Brief erhalten und sehe mit Kummer, daß Du Dich betrübst.

Die Mainzer Brücke macht den Zwischenraum, der uns trennt, nicht kleiner und nicht größer.

Kehre also nach Paris zurück. Es würde mir leid tun und mich unruhig machen, Dich so unglücklich und so allein in Mainz zu wissen. Du siehst leicht ein, daß ich nur das Wohl meiner Angelegenheiten zu Rate ziehen kann und darf. Wenn ich meinem Herzen folgen könnte, so würde ich bei Dir, oder Du würdest bei mir sein, denn Du wärest sehr ungerecht, wenn Du an meiner Liebe und an allen meinen Gefühlen zweifeltest.

92ter Brief.

Wittenberg, den 1. Februar 1807.

Dein Brief vom 11., aus Mainz, hat mich zum Lachen gebracht. Ich bin heute vierzig Meilen von Warschau; das Wetter ist kalt, aber schön.

Leb wohl, meine Freundin; sei glücklich und habe Charakter.

93ter Brief.

An die Kaiserin, zu Paris.

Meine Freundin, dein Brief vom 20. Januar hat mich betrübt; er ist zu traurig. Das ist das Übel, wenn man nicht ein wenig fromm ist! Du sagst, Dein Glück wäre Dein Ruhm; das ist aber nicht edelmütig, sondern Du solltest sagen: „Das Glück anderer ist mein Ruhm." Es ist nicht ehelich gedacht; Du solltest sagen: „Das Glück meines Gatten ist mein Ruhm." Es ist nicht mütterlich; Du solltest sagen: „Das Glück meiner Kinder ist mein Ruhm." Da nun die Völker, Dein Gatte und Deine Kinder, nur durch ein wenig Ruhm glücklich sein können, so mußt Du auch nicht so großen Lärm darüber machen. Pfui, Josefine, Ihr Herz ist vortrefflich, und Ihre Vernunft schwach; Sie empfinden vortrefflich, aber Sie machen keine guten Vernunftschlüsse.

Genug des Streites. Du sollst — so will ich es — heiter und mit Deinem Schicksal zufrieden sein. Du sollst gehorchen, aber nicht zankend und weinend, sondern mit frohem Herzen und auch mit etwas Glück.

Leb wohl, meine Freundin; ich gehe diese Nacht ab, um meine Vorposten zu bereisen.

94ter Brief.

Eylau, den 9. Februar 1807, Früh.

Meine Freundin, es ist gestern eine große Schlacht gewesen. Der Sieg ist mir geblieben; aber ich habe viele Menschen verloren. Der noch beträchtlichere Verlust des Feindes tröstet mich nicht. Ich schreibe Dir, obgleich ich sehr müde bin, diese wenigen Zeilen eigenhändig, um Dir zu sagen, daß ich mich wohlbefinde und Dich liebe.

Ganz der Deinige.

95ter Brief.

Eylau, den 9. Februar 1807, Abends.

Ich schreibe Dir nur ein Wort, meine Freundin, damit Du nicht unruhig bist. Der Feind hat die Schlacht verloren, nebst 40 Kanonen, 10 Fahnen und 12.000 Gefangenen; er hat schrecklich gelitten. Ich habe auch Leute verloren; 1600 Tote und 3- bis 4000 Verwundete.

Dein Cousin Tascher befindet sich wohl; ich habe ihn als Ordonnanzoffizier zu mir berufen.

Corbineau ist durch eine Haubitzgranate getötet worden. Ich hatte mich ganz besonders an diesen Offizier gewöhnt, welcher großes Verdienst besaß; er tut mir leid. Meine Garde zu Pferde hat sich mit Ruhm bedeckt. D'Allemagne ist gefährlich verwundet.

Leb wohl, meine Freundin. Ganz der Deinige.

96ter Brief.

Eylau den 11. Februar 1807.

Ich schreibe Dir nur ein Wort, meine Freundin, denn Du mußt sehr unruhig gewesen sein. Ich habe den Feind an einem denkwürdigen Tage geschlagen, der mir aber viele Tapfere gekostet hat. Das schlechte Wetter veranlaßt mich, in Kantonnements zu gehen.

Werde nicht trostlos, ich bitte Dich. Das alles wird bald enden, und das Glück, Dich zu sehen, wird mich bald meine Anstrengungen vergessen machen. Übrigens habe ich mich nie so wohl befunden. Der kleine Tascher, vom 4. Linienregiment, hat sich gut benommen; er ist auf eine harte Probe gestellt worden. Ich habe ihn als Ordonnanzoffizier zu mir gerufen; da hat also sein Kummer ein Ende. Der junge Mensch interessiert mich.

Leb wohl, meine Freundin; tausend Küsse.

97ter Brief.

Preußisch-Eylau, den 12. Februar 1807.

Ich schicke Dir einen Brief des Generals Darmagnac; er ist ein sehr guter Soldat, welcher das 32. Regiment kommandierte. Er ist mir sehr ergeben. Wenn jene Frau von Richemont reich ist, und es eine gute Partie wird, so werde ich die Heirat gern sehen. Mache dies beiden Teilen bekannt.

98ter Brief.

Eylau, den 14. Februar 1807.

Meine Freundin, ich bin noch immer in Eylau. Alles ist hier bedeckt mit Toten und Verwundeten. Das ist nicht die schönste Seite des Krieges; man leidet, und die Seele wird beängstigt, wenn man soviele Opfer sieht. Ich befinde mich wohl. Ich habe vollbracht, was ich wollte, und den Feind zurückgedrängt, indem ich seine Pläne zum Scheitern brachte.

Du mußt unruhig sein, und dieser Gedanke betrübt mich. Beruhige Dich indes, meine Freundin, und sei heiter.

Ganz der Deinige.

Sage Karolinen und Paulinen, der Großherzog und der Prinz befänden sich sehr wohl.

99ter Brief.

Eylau, den 17. Februar 1807.

Ich erhalte Deinen Brief, der mich von Deiner Ankunft zu Paris unterrichtet. Es ist mir sehr lieb, Dich dort zu wissen. Ich befinde mich wohl. Die Schlacht von Eylau ist sehr blutig und sehr hartnäckig gewesen; Corbineau ist geblieben; er war ein sehr wackerer Mann, und ich ihm sehr gewogen.

Leb wohl, meine Freundin; es ist hier so warm wie im April; alles taut auf. Ich befinde mich wohl.

100ter Brief.

Landsberg, den 18. Februar 1807.

Ich schreibe Dir nur einige Worte. Ich befinde mich wohl. Ich bin in Bewegung, um meine Armee Winterquartiere beziehen zu lassen.

Es regnet und taut wie im April. Wir haben noch keinen kalten Tag gehabt.

Leb wohl, meine Freundin. Ganz der Deinige.

101ter Brief.

Liebstadt, den 20. Februar 1807.

Ich schreibe Dir ein paar Worte, meine Freundin, damit Du nicht unruhig bist. Meine Gesundheit ist vortrefflich, und meine Angelegenheiten gehen gut. Ich habe meine Armee in Kantonnierungen gelegt.

Die Jahreszeit ist wunderlich; es friert und taut; es ist feuchtes, unbeständiges Wetter.

Leb wohl, meine Freundin. Ganz der Deinige.

102ter Brief.

Liebstadt, den 21. Februar 1807, Früh.

Ich erhalte Deinen Brief vom 4. Februar; ich sehe mit Vergnügen daraus, daß Deine Gesundheit gut ist. Paris wird Dir vollends Heiterkeit und Ruhe, die Rückkehr zu Deinen Gewohnheiten wird Dir die Gesundheit wiedergeben.

Ich befinde mich vortrefflich. Wetter und Land sind schlecht. Meine Sachen gehen ziemlich gut. Es taut und friert in vierundzwanzig Stunden; man kann keinen wunderlicheren Winter sehen.

Leb wohl, meine Freundin; ich liebe Dich, ich denke an Dich und wünsche, Dich zufrieden, heiter und glücklich zu wissen.

Ganz der Deinige.

103ter Brief.

Liebstadt, den 21. Februar 1807, Abends.

Ich erhalte Deinen Brief vom 8., meine Freundin; ich sehe mit Vergnügen, daß Du in der Oper gewesen und auch gesonnen bist, alle Wochen Zirkel zu haben. Geh zuweilen in das Schauspiel und immer in die große Loge. Auch die Feste, welche man Dir gibt, sehe ich mit Vergnügen.

Ich befinde mich sehr wohl, das Wetter ist noch immer unbeständig; es friert und taut.

Ich habe meine Armee in Kantonnements gelegt, um sie ausruhen zu lassen.

Sei nicht traurig, liebe mich und glaube fest an alle meine Gefühle.

104ter Brief.

Osterode, den 23. Februar 1807.

Meine Freundin, ich habe Deinen Brief vom 10. erhalten. Ich sehe mit Bedauern, daß Du etwas unwohl bist.

Ich stehe seit einem Monat im Felde, bei einem abscheulichen Wetter, weil dasselbe unbeständig ist und in einer Woche vom Frost zur Wärme umwechselt. Dennoch befinde ich mich sehr wohl.

Suche Deine Zeit angenehm zuzubringen; hege keine Sorgen und zweifle niemals an meiner Liebe zu Dir.

105ter Brief.

Osterode, den 2. März 1807.

Meine Freundin, ich habe Dir seit zwei oder drei Tagen nicht geschrieben; ich mache mir deshalb Vorwürfe, denn ich kenne Deine Unruhe. Ich befinde mich sehr wohl; meine Angelegenheiten stehen gut. Ich bin in einem elenden Dorfe, wo ich noch lange zubringen werde; es ist wahrlich nicht wie in einer großen Stadt. Ich wiederhole es Dir, ich habe mich noch nie so wohlbefunden; Du wirst sehen, daß ich viel stärker geworden bin.

Es ist hier wie Frühling; der Schnee schmilzt, die Flüsse tauen auf, und das macht mir Vergnügen.

Ich habe das befohlen, was Du für Malmaison wünschest; sei heiter und glücklich, das ist mein Wille.

Leb wohl, meine Freundin; ich umarme Dich herzlich. Ganz der Deinige.

106ter Brief.

Den 10. März 1807.

Meine Freundin, ich habe Deinen Brief vom 25. erhalten. Mit Vergnügen sehe ich, daß Du Dich wohlbefindest und manchmal nach Malmaison fährst.

Meine Gesundheit ist gut und meine Angelegenheiten gehen erwünscht. Die Witterung hat sich wieder etwas zur Kälte geneigt. Ich sehe, daß dieser Winter überall sehr veränderlich gewesen ist. Leb wohl, meine Freundin; bleibe gesund, sei heiter und zweifle nie an meiner Freundschaft. Ganz der Deinige.

107ter Brief.

Osterode, den 11. März 1807.

Meine Freundin, ich erhalte Deinen Brief vom 27. Ich sehe mit Kummer, daß Du krank bist; ermutige Dich aber. Meine Gesundheit ist gut, und meine Angelegenheiten sind es ebenfalls. Ich erwarte die schöne Jahreszeit, welche bald eintreten wird. Ich liebe Dich und will Dich zufrieden und glücklich wissen.

Man wird viel dummes Zeug über die Schlacht von Eylau reden; das Bulletin sagt alles, und der Verlust ist darin eher größer, als geringer angegeben. Ganz der Deinige.

108ter Brief.

Osterode, den 18. März 1807.

Ich erfahre, meine Freundin, daß die übeln Reden, welche in Deinem Salon zu Mainz vorfielen, jetzt aufs neue stattfinden; bringe sie doch zum Schweigen. Ich würde es Dir schlechten Dank wissen, wenn Du der Sache nicht abhelfen wolltest. Du lässest Dich durch das Geschwätz von Leuten betrüben, welche Dich trösten sollten.

Ich empfehle Dir ein wenig Charakter und die Geschicklichkeit, jedem seinen Platz anzuweisen.

Ich befinde mich sehr wohl, und meine Sachen gehen gut. Wir ruhen ein wenig aus und ordnen unsere Lebensmittel an.

Leb wohl, meine Freundin; sei gesund.

109ter Brief.

Osterode, den 15. März 1807.

Ich erhalte Deinen Brief vom 1. März, wo ich sehe, daß die Katastrophe der Minerva in der Oper Dich sehr bewegt hat. Ich bin sehr vergnügt darüber, daß Du ausgehst und dich zerstreust.

Meine Gesundheit ist gut und meine Angelegenheiten stehen ebenso.

Schenke allen den üblen Gerüchten, die man könnte in Umlauf bringen, keinen Glauben. Zweifle nie an meinen guten Gesinnungen und sei durchaus nicht unruhig.

Ganz der Deinige.

110ter Brief.

Osterode, den 17. März 1807.

Meine Freundin, Sie müssen nicht zu den kleinen Schauspielen in die kleine Loge gehen, das schickt sich nicht für Ihren Rang; Sie dürfen bloß die vier großen Theater besuchen und müssen dann immer in der großen Loge sein. Leben Sie ganz so, als zu der Zeit, wo ich in Paris war.

Meine Gesundheit ist sehr gut. Das Wetter ist kalt geworden. Das Thermometer hat acht Grade gestanden.

Ganz der Deinige.

111ter Brief.

Osterode, den 17. März 1807.

Ich habe Deinen Brief vom 5. März erhalten, woraus ich mit Vergnügen sehe, daß Du Dich wohlbefindest. Meine Gesundheit ist vollkommen gut. Das Wetter hat sich indessen seit zwei Tagen zur Kälte geneigt und das Thermometer hat diese Nacht 10 Grad gestanden; die Sonne hat uns aber einen sehr schönen Tag gegeben.

Leb wohl, meine Freundin. Tausend freundliche Grüße an alle.

Schreibe mir doch etwas über den Tod des armen Dupuis, und laß seinem Bruder sagen, daß ich ihm Gutes tun will. Meine Angelegenheiten gehen hier sehr gut. Ganz der Deinige.

112ter Brief.

Den 25. März 1807.

Ich habe Deinen Brief vom 13. März erhalten. Wenn Du mir gefällig sein willst, mußt Du durchaus ganz so leben, wie Du lebtest, als ich in Paris war. Damals fuhrst Du nicht in die kleinen Schauspielhäuser, oder an andere Orte. Du mußt immer in die großen Logen gehen. Was Dein Leben zu Hause betrifft, so mußt Du Aufwartungen annehmen und regelmäßige Zirkel haben; dies, meine Freundin, ist das einzige Mittel, meinen Beifall zu verdienen. Die Größe hat ihre Unannehmlichkeiten, und eine Kaiserin kann nicht dahin gehen, wo eine Privatfrau hingeht. Tausend Freundschaftsversicherungen. Meine Gesundheit ist gut. Meine Angelegenheiten sind es auch.

113ter Brief.

Den 27. März 1807.

Meine Freundin, Dein Brief betrübt mich. Du sollst nicht sterben, denn Du befindest Dich wohl und kannst nicht die geringste vernünftige Ursache zum Verdruß haben. Ich bin der Meinung, daß Du im Mai nach Saint-Cloud gehest; den ganzen April mußt Du aber in Paris bleiben.

Ich befinde mich wohl; meine Geschäfte gehen gut.

Du darfst nicht daran denken, diesen Sommer zu reisen. Es ist nicht möglich, denn Du kannst nicht in Gasthäusern und Lagern herumlaufen. Ich wünsche ebensosehr, als Du, Dich zu sehen, und sogar ruhig zu leben.

Ich weiß noch andere Dinge, als Krieg zu führen; allein die Pflicht geht über alles. Mein ganzes Leben hindurch habe ich meinem Schicksal alles aufgeopfert, Ruhe, Vorteil und Glück.

Leb wohl, meine Freundin. Sieh diese Frau von P....... selten; sie taugt nicht viel zum Umgange und ist zu gemein, zu niedrig.

Ich habe Ursache, mich über Herrn K..... zu beklagen. Ich habe ihn auf sein Gut in Burgund geschickt und will nichts mehr von ihm hören.

114ter Brief.

Osterode, den 1. April 1807.

Ich erhalte Deinen Brief vom 20., meine Freundin, und sehe mit Betrübnis, daß Du krank bist. Ich habe Dir geschrieben, daß Du den ganzen April hindurch in Paris bleiben und den 1. Mai nach Saint-Cloud gehen solltest. In Malmaison kannst Du die Sonntage und einen oder zwei Tage zubringen; in Saint-Cloud kannst Du Deine gewöhnlichen Zirkel haben.

Meine Gesundheit ist gut. Es ist hier noch ziemlich kalt. Alles ist ruhig.

Ich habe der kleinen Prinzessin den Namen Josefine*) gegeben. Eugen muß recht vergnügt sein.

Ganz der Deinige.

115ter Brief.

Finkenstein, den 2. April 1807.

Meine Freundin, ich schreibe Dir nur einige Worte. Ich habe mein Hauptquartier in ein sehr schönes Schloß verlegt, welches dem von Bessières ähnlich ist.

Es gibt hier viele Kamine und dies ist mir angenehm, weil ich oft in der Nacht aufstehe und das Feuer gern sehe.

Meine Gesundheit ist vollkommen gut. Das Wetter ist schön, aber noch kalt. Das Thermometer steht 4 bis 5 Grad.

Leb wohl, meine Freundin.

Ganz der Deinige.

---

*) Die Prinzessin Josefine Maximiliane Auguste, geboren den 14. März 1807, älteste Tochter des Prinzen Eugen, vermählt den 18. Juni 1827 mit Josef Franz Oskar, Kronprinzen von Schweden.

116ter Brief.

Den 6. April 1807.

Meine Freundin, ich habe Deinen Brief erhalten, woraus ich ersehe, daß Du die Karwoche in Malmaison zugebracht hast und daß es mit Deiner Gesundheit besser geht. Ich wünsche zu erfahren, daß Du vollkommen hergestellt bist.

Ich bin in einem schönen Schlosse, wo es Kamine gibt; das ist sehr angenehm. Es ist hier noch kalt; alles ist gefroren.

Du wirst gesehen haben, daß ich gute Nachrichten von Konstantinopel habe.

Meine Gesundheit ist gut. Es gibt hier nichts Neues.

Ganz der Deinige.

117ter Brief.

Den 10. April 1807.

Meine Freundin, ich befinde mich sehr wohl. Hier beginnt der Frühling, aber noch wächst keine Pflanze. Ich wünsche, daß Du heiter und froh sein und niemals an meiner Liebe zweifeln mögest.

Alles geht hier gut.

Profil Napoleons.
Nach der Natur während der Messe in den Tuilerien gezeichnet.
(Sammlung des Herrn Germaine Bapst.)

118ter Brief.

Den 24. . . . . 1807.

Ich habe Deinen Brief vom 3. April erhalten, aus welchem ich ersehe, daß Du Dich wohlbefindest und daß es in Paris sehr kalt ist. Das Wetter ist hier sehr unsicher; indessen glaube ich, das Frühjahr ist da, denn die Gewässer sind schon aufgetaut. Ich befinde mich vortrefflich.

Leb wohl, meine Freundin. Ich habe schon lange für Malmaison alles befohlen, was Du wünschest.

Ganz der Deinige.

119ter Brief.

Den 18. April 1807.

Ich habe Deinen Brief vom 5. April erhalten und sehe mit Bedauern, daß Dich das, was ich Dir gesagt habe, bekümmert hat. Wie gewöhnlich setzt sich Dein kreolisches Köpfchen schnell auf und betrübt sich. Reden wir nicht mehr davon. Ich befinde mich sehr wohl; das Wetter ist jedoch regnerisch. Savary ist vor Danzig an einem Gallenfieber sehr krank; ich hoffe, es soll nichts sein.

Leb wohl, meine Freundin; Dir tausend schöne Dinge.

120ter Brief.

Den 24., abends 7 Uhr.

Ich habe Deinen Brief vom 12. erhalten. Ich ersehe daraus, daß Deine Gesundheit gut ist und daß Du sehr gern nach Malmaison gehst.

Das Wetter ist schön geworden; ich hoffe, daß es anhält.

Nichts Neues hier. Ich befinde mich sehr wohl. Leb wohl, meine Freundin.

Ganz der Deinige.

121ter Brief.

Den 2. Mai 1807.

Meine Freundin, ich erhalte Deinen Brief vom 23. Ich sehe in demselben, daß Du Dich wohlbefindest und daß Malmaison Dir immer noch lieb und teuer ist. Man sagt, der Erzkanzler sei verliebt. Das ist eine Posse; oder sollte es wahr sein? Es hat mich belustigt; Du hättest mir doch etwas davon schreiben sollen!

Ich befinde mich sehr wohl und das Wetter wird schön. Endlich zeigt sich der Frühling und die jungen Blätter fangen an zu treiben.

Leb wohl, meine Freundin. Tausend liebevolle Grüße.

Ganz der Deinige.

122ter Brief.

Den 10. Mai 1807.

Ich erhalte Deinen Brief. Ich verstehe nicht, was Du von den Damen sagst, die mit mir ein Einverständnis haben sollen. Ich liebe nur meine kleine, gute, trotzköpfige, launenhafte Josefine, welche in alles, was sie tut, eine gewisse Anmut legt; denn sie ist immer liebenswürdig; ausgenommen, wenn sie eifersüchtig ist; denn alsdann wird sie ein wahrer Teufel. Kommen wir aber auf die Damen zurück. Wenn ich mich mit einer von ihnen beschäftigen sollte, so versichere ich Dich, daß sie wenigstens hübsche Rosenknospen sein müßten. Sind wohl nun die, von denen Du redest, in diesem Falle?

Ich wünsche, daß Du nie mit andern Personen speisest, als die bereits mit mir gespeist haben; dasselbe Verzeichnis wende auch für Deine Zirkel an und empfange nie Gesandte und Fremde vertraulich zu Malmaison.

Wenn Du anders handeltest, würdest Du mir sehr mißfallen. Kurz, laß Dich nicht zu sehr von Personen einnehmen, welche ich nicht kenne und welche nicht zu Dir kommen würden, wenn ich zu Hause wäre.

Leb wohl, meine Freundin.
Ganz der Deinige.

123ter Brief.

Den 12. Mai 1807.

Ich erhalte Deinen Brief vom 2. Mai und ersehe daraus, daß Du Dich anschickst, nach Saint-Cloud zu gehen. Mit Verdruß habe ich das schlechte Betragen der Madame *** gesehen. Könntest Du nicht mit ihr darüber sprechen, daß sie ihr Leben besser einrichtet, welches ihr viele Unannehmlichkeiten von seiten ihres Mannes zuziehen dürfte?

Napoleon ist wieder hergestellt, wie man mir berichtet. Ich begreife ganz den Kummer, welchen das seiner Mutter hat verursachen müssen; allein die Masern sind eine Krankheit, der jedermann unterworfen ist. Ich hoffe, daß man ihm die Pocken eingeimpft hat, damit er wenigstens den Blattern entgehe. Leb wohl, meine Freundin. Das Wetter ist sehr warm und die Pflanzen fangen an auszuschlagen; es wird aber noch einige Tage dauern, bis das Gras wächst.

124ter Brief.

Den 14. Mai 1807.

Ich begreife den ganzen Kummer, welchen der Tod des armen Napoleon Dir verursachen muß, und Du kannst ebenfalls mein Bedauern einsehen. Ich wünsche bei Dir zu sein, damit Du in Deinem Schmerze mäßiger und klüger wärest. Du hast das Glück gehabt, nie Kinder zu verlieren; dennoch ist dies eine von den Bedingungen und Kümmernissen, die an unser menschliches Elend geknüpft sind. Ich wünsche zu erfahren, daß Du vernünftig gewesen bist und Dich wohlbefindest! Möchtest Du wohl meinen Kummer vermehren wollen?

Leb wohl, meine Freundin.

125ter Brief.

Den 16. Mai 1807.

Ich erhalte Deinen Brief vom 6. Mai. Ich sehe schon den Schmerz, welchen Du empfindest, und fürchte, daß Du nicht vernünftig sein, sondern Dich zu sehr über das Unglück betrüben wirst, welches uns getroffen hat.

Leb wohl, meine Freundin.

Ganz der Deinige.

126ter Brief.

Den 20. Mai 1807.

Ich erhalte Deinen Brief vom 10. Mai und sehe, daß Du nach Laeken gegangen bist. Ich glaube, Du könntest etwa vierzehn Tage dort bleiben; es würde den Belgiern lieb sein und Dir zur Zerstreuung dienen.

Mit Verdruß habe ich gesehen, daß Du nicht klug gewesen bist. Der Schmerz hat Grenzen, die er nicht überschreiten darf. Erhalte Dich für Deinen Freund und glaube an meine Liebe.

127ter Brief.

Den 24. Mai 1807.

Ich erhalte Deinen Brief aus Laeken. Ich sehe mit Bedauern, daß Dein Schmerz noch derselbe, und daß Hortense noch nicht angekommen ist. Sie ist nicht klug und verdient nicht, daß man sie liebe, weil sie nichts geliebt hat, als ihre Kinder.

Suche Dich zu beruhigen und mache mir keinen Kummer. Für jedes unabwendbare Übel muß man Trost zu finden suchen.

Leb wohl, meine Freundin. Ganz der Deinige.

128ter Brief.

Den 26. Mai 1807.

Ich erhalte Deinen Brief vom 16. Mit Vergnügen habe ich gesehen, daß Hortense in Laeken angekommen war. Das, was Du mir von einer gewissen Betäubung sagst, worin sie sich

noch immer befindet, tut mir sehr leid. Sie muß
größern Mut fassen und sich zusammennehmen.
Ich begreife nicht, warum sie ins Bad gehen soll;
sie würde sich zu Paris weit mehr zerstreuen und
mehr Trost finden. Es gehe Dir wohl, sei heiter
und bleibe gesund.

Meine Gesundheit ist sehr gut.

Leb wohl, meine Freundin. Alle Dein Kummer
schmerzt mich sehr; es ist mir unlieb, nicht bei
Dir sein zu können.

129ter Brief.

Den 2. Juni 1807.

Meine Freundin, ich erfahre Deine Ankunft
zu Malmaison. Ich habe keine Briefe von
Dir. Ich bin böse auf Hortensen; sie schreibt
mir nicht ein Wort. Alles, was Du mir von ihr
sagst, bekümmert mich. Wie kommt es denn, daß
Du sie nicht hast ein wenig zerstreuen können?
Ich hoffe, Du wirst Dich zusammennehmen, daß
ich Dich nicht ganz traurig finde.

Ich bin seit zwei Tagen in Danzig. Das Wetter
ist schön, und ich befinde mich wohl. Ich denke
mehr an Dich, als Du an einen Abwesenden
denkst.

Leb wohl, meine Freundin.

Tausend schöne Sachen. Schicke Hortensen
den beiliegenden Brief.

130ter Brief.

Den 3. Juni 1807.

Ich habe heut zu Marienburg übernachtet. Gestern habe ich Danzig verlassen. Alle Briefe, die von Saint-Cloud kommen, sagen, daß Du immer weinst, und das ist nicht gut; Du sollst Dich wohl befinden und zufrieden sein.

Hortense ist noch immer in einem traurigen Zustande; was Du mir von ihr schreibst, erregt das Mitleiden.

Leb wohl, meine Freundin; glaube an die ganze Liebe, welche ich für Dich fühle.

131ter Brief.

Den 6. Juni 1807.

Ich befinde mich wohl, meine Freundin. Dein Brief von gestern hat mich betrübt. Wie es scheint, hast Du Kummer und bist nicht vernünftig.

Das Wetter ist sehr schön.

Leb wohl, meine Freundin; ich liebe Dich und wünsche, Dich heiter und vergnügt zu wissen.

132ter Brief.

Friedland, den 15. Juni 1807.

Meine Freundin, ich schreibe Dir nur ein Wort, denn ich bin sehr müde; ich habe schon mehrere Tage biwakiert. Meine Kinder haben den Jahrestag der Schlacht von Marengo würdig gefeiert.

Die Schlacht von Friedland wird für mein Volk ebenso berühmt und rühmlich sein. Die ganze russische Armee geschlagen; 80 Geschütze erobert; 30.000 Mann gefangen oder tot; 25 russische Generale tot, gefangen oder verwundet; die russische Garde vernichtet — das ist eine würdige Schwester von Marengo, Austerlitz und Jena. Das Bulletin wird Dir das übrige sagen. Mein Verlust ist unbeträchtlich; ich habe mit Vorteil gegen den Feind manövriert.

Sei ohne Unruhe, sei zufrieden. Leb wohl, meine Freundin; ich reite aus.

Man kann diese Nachricht als Notiz ausgeben, wenn sie vor dem Bulletin ankommt. Es können auch die Kanonen gelöset werden. Cambacérès wird die Notiz abfassen.

133ter Brief.

Den 16. Juni 1807.

Meine Freundin, ich habe gestern Moustache mit der Nachricht von der Schlacht bei Friedland an Dich abgehen lassen. Seitdem habe ich fortgefahren, den Feind zu verfolgen. Königsberg, eine Stadt von 80.000 Seelen, ist in meiner Gewalt. Ich habe dort viele Kanonen, Magazine und mehr als 60.000 Gewehre gefunden, die aus England gekommen sind.

Leb wohl, meine Freundin. Meine Gesundheit ist vollkommen gut, ob ich gleich wegen des Regens und der Kälte im Biwak ein wenig den Schnupfen habe. Sei zufrieden und heiter. Ganz der Deinige.

134ter Brief.

Tilsit, den 19. Juni 1807.

Ich habe diesen Morgen Tascher an Dich abgeschickt, um Deine Unruhe gänzlich zu stillen. Hier geht alles auf das beste. Die Schlacht von Friedland hat alles entschieden. Der Feind ist bestürzt, niedergeschlagen und außerordentlich geschwächt.

Meine Gesundheit ist gut und meine Armee vortrefflich. Leb wohl, meine Freundin; sei heiter und zufrieden.

135ter Brief.

Tilsit, den 22. Juni 1807.

Meine Freundin, ich habe Deinen Brief vom 10. Juni erhalten und sehe mit Bedauern, daß Du so traurig bist. Du wirst aus dem Bulletin sehen, daß ich einen Waffenstillstand geschlossen habe, und daß man wegen des Friedens unterhandelt. Sei zufrieden und heiter.

Ich habe Borghese und zwölf Stunden darauf Moustache an Dich abgeschickt; Du mußt also zeitig meine Briefe, sowie auch Nachricht über den schönen Tag von Friedland bekommen haben.

Ich befinde mich vortrefflich und wünsche Dich glücklich zu wissen. Ganz der Deinige.

136ter Brief.

Den 25. Juni 1807.

Meine Freundin, ich habe eben den Kaiser Alexander gesprochen und bin sehr zufrieden mit ihm; es ist ein sehr schöner, guter und junger Kaiser. Er hat mehr Verstand, als man allgemein glaubt. Von morgen an wird er zu Tilsit wohnen.

Leb wohl, meine Freundin. Ich wünsche sehr, daß Du Dich wohlbefinden und zufrieden sein mögest. Meine Gesundheit ist sehr gut.

137ter Brief.

Den 3. Juli 1807.

Meine Freundin, Herr von Turenne wird Dir alle näheren Umstände über das mitteilen, was hier geschieht; alles geht sehr gut. Ich glaube Dir gesagt zu haben, daß der Kaiser von Rußland mit vieler Artigkeit auf Deine Gesundheit trinkt. Er speist, sowie der König von Preußen, alle Tage bei mir. Ich wünsche, daß Du zufrieden sein mögest.

Leb wohl, meine Freundin; tausend schöne Sachen.

138ter Brief.

Den 6. Juli 1807.

Ich habe Deinen Brief vom 25. Juni erhalten. Mit Verdruß habe ich gesehen, daß Du eine Egoistin bist, und daß das Glück meiner Waffen keinen Reiz für Dich hat.

Die schöne Königin von Preußen wird heut bei mir zu Mittag essen.

Ich befinde mich wohl und wünsche sehr Dich wiederzusehen, sobald das Schicksal es gestattet. Es ist möglich, daß es nicht lange mehr dauert.

Leb wohl, meine Freundin; tausend schöne Sachen.

139ter Brief.

Den 7. Juli 1807.

Meine Freundin, die Königin von Preußen hat gestern bei mir gespeist. Ich hatte mich gegen sie zu verteidigen, weil sie mich veranlassen wollte, ihrem Gemahl noch mancherlei zu verwilligen; ich war aber galant und hielt mich an meine Politik. Sie ist sehr liebenswürdig. Ich würde Dir Einzelnheiten erzählen, wenn ich es könnte, ohne sehr weitläufig zu sein. Wenn Du diesen Brief erhältst, ist wahrscheinlich der Friede mit Preußen und Rußland schon abgeschlossen und Hieronymus als König von Westfalen, mit einer Bevölkerung von drei Millionen Seelen, anerkannt. Diese Nachrichten sind für Dich allein.

Leb wohl, meine Freundin; ich liebe Dich und will Dich zufrieden und heiter wissen.

140ter Brief.

Den 18. Juli 1807.

Meine Freundin, ich bin gestern Abend fünf Uhr in Dresden angekommen und befinde mich sehr wohl, obgleich ich hundert Stunden unausgesetzt im Wagen geblieben bin. Ich bin hier beim Könige von Sachsen, mit dem ich sehr zufrieden bin. Also bin ich Dir mehr als um die

Hälfte des Weges näher gekommen. Es ist möglich, daß ich in einer dieser schönen Nächte in Saint-Cloud einfalle wie ein Eifersüchtiger; ich sage es Dir zum voraus.

Leb wohl, meine Freundin; ich werde großes Vergnügen haben, Dich zu sehen. Ganz der Deinige.

141ter Brief.

Mailand, den 25. November 1807.

Seit zwei Tagen, meine Freundin, bin ich hier. Ich bin sehr froh, daß ich Dich nicht mitgenommen, Du hättest bei dem Übergang über den Mont Cenis, wo eine Plackerei mit 24 Stunden zurückgehalten, viel auszustehen gehabt.

Eugen habe ich sehr gesund gefunden, ich bin sehr zufrieden mit ihm. Die Prinzessin ist krank — ich habe sie in Monza besucht, sie hat einen fausse conche gemacht. Es geht jetzt besser.

Leb wohl, meine Freundin.

142ter Brief.

Venedig, den 30. November 1807.

Soeben empfange ich Deinen Brief vom 22. Seit zwei Tagen bin ich in Venedig. Das Wetter, das sehr schlecht ist, hat mich verhindert, die Lagunen zu bereisen, um die verschiedenen

Forts zu besichtigen. Ich sehe mit Vergnügen, daß Du Dich in Paris gut unterhältst.

Der König von Bayern mit seiner Familie und die Prinzessin Elisa ist hier.

Nach dem 2. Dezember,*) den ich hier feiern will, werde ich zurückkehren und sehr erfreut sein, Dich wiederzusehen.

Adieu, meine Freundin.

143ter Brief.

Udine, den 11. Dezember 1807.

Deinen Brief vom 3. Dezember habe ich empfangen und daraus ersehen, daß Du mit dem Jardin des Plantes sehr zufrieden bist. Ich bin jetzt an der entferntesten Grenze meiner Reise; es ist möglich, daß ich bald in Paris bin, wo ich froh sein werde, Dich wiederzusehen. Das Wetter war hier noch nicht kalt, aber sehr regnigt. Ich habe mir den letzten Moment der Jahreszeit sehr zu Nutzen gemacht, denn ich glaube, daß zu Weihnachten der Winter schon sehr fühlbar sein wird.

Leb wohl, meine Freundin.

Ganz der Deinige.

---

*) Der Jahrestag der Krönung Napoleons.

144ter Brief.

Bayonne, den 16. April 1808.

Ich bin hier sehr wohl, aber durch die Wege, die traurig und schlecht sind, etwas ermüdet angekommen.

Es ist mir lieb, daß Du zurückgeblieben bist, denn die Wohnungen sind hier sehr schlecht und klein.

Ich ziehe heute in ein kleines Landhaus, das eine halbe Meile von der Stadt entfernt ist.

Adieu, meine Freundin; bleib gesund.

145ter Brief.

Bayonne, den 17. April 1808.

Eben empfange ich Deinen Brief vom 15. April. Was Du mir von dem Eigentümer des Landgutes sagst, freut mich. Bleibe zuweilen einen Tag bei ihm.

Ich habe den Befehl erlassen, daß vom 1. April, während Deiner ganzen Reise, ein monatlicher Zuschuß von 20.000 Franks an Deine Schatulle ausgezahlt werde.

Ich wohne hier fürchterlich schlecht. In einer Stunde verändere ich mein Quartier und ziehe in ein eine halbe Meile von der Stadt gelegenes

Josefine Beauharnais.

Lusthaus. Der Infant Don Karlos und fünf bis sechs spanische Grands sind hier. Der Prinz von Asturien ist 20 Meilen von hier. Der König Karl und die Königin kommen her. Ich weiß nicht, wo ich all diese Leute einlogieren soll. Sie wohnen noch alle im Gasthofe. Meine Truppen befinden sich in Spanien sehr wohl.

Deinen Scherz habe ich verstanden und über Deine Rückerinnerung sehr gelacht. Ihr Frauen habt ein gutes Gedächtnis.

Ich bin ziemlich wohl und liebe Dich aus inniger Freundschaft. Ich wünsche, daß Du allen in Bordeaux Gefälligkeiten erweisest, weil meine Arbeiten nicht erlaubt haben, daß ich es getan.

146ter Brief.

Bayonne, den 21. April 1808.

Eben empfange ich Deinen Brief vom 19. April. Gestern habe ich den Prinzen von Asturien und seinen Hofstaat bei mir zu Tische gehabt — das hat mich in viele Verlegenheiten gebracht. Ich erwarte Karl IV. und die Königin.

Mit meiner Gesundheit geht es gut. Ich bin auf meinem Landhaus jetzt ziemlich gut eingerichtet.

Leb' wohl, meine Freundin. Briefe von Dir empfange ich jederzeit mit vielem Vergnügen.

147ter Brief.

Bayonne, den 28. April 1808.

Hortensie, liebe Freundin, ist von einem Knaben entbunden worden — ich habe darüber lebhafte Freude empfunden. Ich bin nicht erstaunt, daß Du mir davon nichts geschrieben, weil Dein Brief vom 21. und Hortensie erst am 29. in der Nacht entbunden worden ist.

Am 26. kannst Du abreisen, in Mont de Marsan übernachten und am 27. hier eintreffen. Laß Deine erste Dienerschaft am 25. abends abreisen. Ich habe hier ein Landhaus neben dem, das ich bewohne, für Dich einrichten lassen. Ich bin vollkommen gesund.

Ich erwarte den König Karl IV. und seine Gemahlin.

Adieu, meine Freundin.

148ter Brief.

Erfurt, den 29. September 1808.

Ich habe ein wenig Schnupfen. Deinen Brief aus Malmaison habe ich erhalten. Ich bin hier mit dem Kaiser und allen sehr zufrieden.

Es ist 1 Uhr nach Mitternacht — ich bin müde. Adieu, meine Freundin, bleib gesund.

149ter Brief.

Den 9. Oktober 1808.

Deinen Brief, meine Freundin, habe ich empfangen. Ich sehe mit Vergnügen, daß Du wohl bist. Soeben habe ich auf dem Schlachtfeld von Jena gejagt. Wir haben auf dem nämlichen Ort gefrühstückt, wo ich nachts biwakiert habe.

Ich habe dem Weimarer Ball beigewohnt. Der Kaiser Alexander tanzte, ich nicht, denn 40 Jahre sind 40 Jahre.

Meine Gesundheit ist, trotz einiger kleinen Übel, im Grund doch gut.

Adieu, meine Freundin.

Ganz der Deinige. Ich hoffe Dich bald zu sehen.

150ter Brief.

Ich schreibe Dir wenig, meine Freundin, weil ich sehr beschäftigt bin. Gespräche, die tagelang dauern! Wie kann ich da den Schnupfen verlieren! Es geht indessen alles gut. Ich bin mit Alexander zufrieden und er darf es auch mit mir sein — wenn er eine Frau wäre, so würde ich ihn, glaube ich, zu meiner Geliebten machen.

In kurzem werde ich bei Dir sein, bleib gesund, damit ich Dich dick und frisch antreffe.

Leb wohl, meine Freundin.

151ter Brief.

Den 3. November 1808.*)

Nach vieler Mühe bin ich heute Nacht hier angekommen. Mehrere Poststationen habe ich zu Pferd zurückgelegt — ich finde mich indes sehr wohl.

Morgen werde ich nach Spanien abgehen. Meine Truppen rücken mit Macht heran.

Adieu, meine Freundin.

Ganz der Deinige.

152ter Brief.

Den 5. November 1808.

Ich bin in Tolosa und reise nach Vittoria, wo ich in wenigen Stunden eintreffen werde. Ich befinde mich ziemlich wohl und hoffe, daß alles bald beendigt sein wird.

---

*) Der Ort, von wo aus dieser Brief geschrieben, ist im Original nicht angegeben.

153ter Brief.

Den 7. November 1808.

Seit zwei Tagen, meine Freundin, bin ich in Vittoria; ich befinde mich wohl. Alle Tage treffen neue Truppen ein — gestern ist meine Garde hier angekommen.

Der König befindet sich sehr wohl. Ich bin sehr beschäftigt.

Ich weiß, daß Du in Paris bist. Zweifle nicht an meinen Gesinnungen.

154ter Brief.

Burgos, den 14. November 1808.

Die Sachen schreiten hier mit großer Tätigkeit vor. Das Wetter ist sehr schön. Wir haben Glück. Ich bin vollkommen gesund.

155ter Brief.

Den 26. November 1808.

Deinen Brief habe ich erhalten. Ich wünsche, daß Deine Gesundheit ebenso gut als die meinige sei. Alles geht hier gut.

Ich dächte, Du zögest am 21. Dezember wieder

in die Tuilerien zurück und veranstaltetest von da angefangen wöchentlich ein Konzert.

Ganz der Deinige.

Viele Grüße an Hortensie und Herrn Napoleon.*)

156ter Brief.

Den 7. Dezember 1808.

Eben empfange ich Deinen Brief vom 28. Mit Vergnügen ersehe ich, daß Du Dich wohl befindest. Du hast Dich überzeugt, daß der junge Tascher sich gut aufführt — das freut mich. Mit meiner Gesundheit geht es gut.

Es ist hier ein Wetter, wie in Paris in der letzten Hälfte des Maimonats — wir haben Hitze, brauchen hier kein Feuer, höchstens bei der Nacht, die ziemlich kühl ist.

Madrid ist ruhig. Meine Sachen gehen insgesamt gut.

Adieu, meine Freundin.

Ganz der Deinige.

Viele Dinge an Hortensie und Herrn Napoleon.

---

*) So hieß der Prinz, von welchem die Königin Hortensie am 29. März 1808 entbunden ward.

157ter Brief.

Den 10. Dezember 1808.

Eben, meine Freundin, empfange ich Deinen Brief, Du schreibst mir, daß in Paris so schlechtes Wetter ist — hier ist das schönste Wetter der Welt. Sag' mir doch, ich bitte Dich, was die Reformen, welche Hortensie unternimmt, sagen wollen. Man sagt, daß sie ihre Dienerschaft fortschickt. Hat man ihr das vielleicht verweigert, was sie notwendig braucht? Sag' mir nur ein Wort darüber; diese Reformen schicken sich nicht.

Leb wohl, meine Freundin, hier ist das schönste Wetter der Welt. Alles geht hier gut. Ich bitte Dich, Dich gut aufzuführen.

158ter Brief.

Den 21. Dezember 1808.

Am 12. sollst Du in die Tuilerien gezogen sein. Ich hoffe, daß Du mit Deinen Appartements wirst zufrieden gewesen sein.

Ich habe Erlaubnis gegeben, daß Kaurakin*) Dir und der Familie vorgestellt werde. Empfange ihn gut und spiele mit ihm.

---

*) Fürst Kaurakin, russischer Minister und Gesandter.

Adieu, meine Freundin, ich befinde mich wohl — es ist regnigt und ein wenig kalt.

159ter Brief.

Den 22. Dezember 1808.

In diesem Augenblicke reise ich ab, um gegen die Engländer Vorkehrungen zu treffen, welche, wie mir scheint, ihre Verstärkung erhalten haben.

Das Wetter ist schön, meine Gesundheit vollkommen gut, sei unbesorgt.

160ter Brief.

Bonavente, den 31. Dezember 1808.

Meine Freundin, seit einigen Tagen verfolge ich die Engländer; erschreckt fliehen sie. Die Überbleibsel der romanischen Armee haben sie feig verlassen, um nicht um einen halben Tag ihre Flucht hinauszuschieben. Mehr als 100 Bagagewagen sind bereits genommen. Das Wetter ist sehr schlecht.

Lefebvre ist gefangen genommen worden — er hat mit 300 Jägern ein unbesonnenes Unternehmen gewagt. Diese Schädel haben schwimmend über einen Fluß gesetzt und sich mitten in die englische Reiterei gestürzt; sie haben deren viel getötet, aber auf dem Rückzuge hatte Lefebvre ein verwundetes Pferd und mußte schwimmen, die Flut hat ihn an das Ufer getragen, wo die Engländer waren — er wurde gefangen genommen. Tröste seine Frau.

Adieu, meine Freundin. Bessieres ist mit 10.000 Mann Kavallerie auf Astorga.

Allen ein gutes Neujahr.

161ter Brief.

Den 3. Januar 1809.

Eben, meine Freundin, empfange ich Deine Briefe vom 18. und 21. Dezember. Ich verfolge die Engländer mit dem Degen in ihren Eingeweiden.

Das Wetter ist kalt und strenge, aber alles geht gut.

Leb wohl, meine Freundin.

Ganz der Deinige.

Meiner Josefine ein gutes, glückliches Neujahr.

162ter Brief.

Bonavente, den 5. Januar 1809.

Ich schreibe Dir, meine Freundin, nur ein Wort. Die Engländer sind in großer Verwirrung. Den Herzog von Dalmatien habe ich beauftragt, sie zu verfolgen mit dem Degen in ihren Eingeweiden. Ich befinde mich wohl — das Wetter ist schlecht.

Adieu, meine Freundin.

163ter Brief.

Den 8. Januar 1809.

Eben empfange ich Deine Briefe vom 23. und 24. Dezember. Ich sehe mit Bedauern, daß Du an den Zähnen leidest. Ich bin hier seit zwei Tagen. Das Wetter ist so, wie es die Jahreszeit mit sich bringt. Die Engländer schiffen sich ein. Ich bin gesund.

Adieu, meine Freundin.

Ich schreibe nun an Hortensie. Eugen hat jetzt eine Tochter.

Ganz der Deinige.

164ter Brief.

Moustache bringt mir einen Brief von Dir vom 31. Dezember. Ich sehe, meine Freundin, daß Du traurig bist und sehr schwarze Besorgnisse hegst. Österreich wird mir nicht den Krieg erklären. Aber wenn es das tut, so habe ich 150.000 Mann in Deutschland und ebensoviel am

Rhein, und 400.000 Deutsche, um ihm zu antworten. Rußland wird sich von mir nicht lossagen. Man ist närrisch in Paris; alles geht gut.

Ich werde in Paris sein, sobald ich es notwendig finde. Ich rate Dir, Dich vor Gespenstern in acht zu nehmen. Eines schönen Tages, um 2 Uhr morgens....

Adieu indessen. Ich befinde mich wohl und bin ganz der Deinige.

165ter Brief.

Donauwörth, den 23. April 1809.

Gestern um 4 Uhr morgens bin ich hier eingetroffen und reise jetzt von hier ab. Alles ist in Bewegung.

Die militärischen Operationen sind in großer Tätigkeit.

Bis zu dieser Stunde gibt es nichts Neues. Meine Gesundheit ist vollkommen gut.

Ganz der Deinige.

166ter Brief.

Den 6. Mai 1809.

Deinen Brief, meine Freundin, habe ich erhalten. Die Kugel, von der ich getroffen, hat mich nicht verwundet, und kaum die Achillessehne berührt.*) Ich bin sehr gesund. Du hast unrecht, wenn Du Dich meinetwegen ängstigst. Meine Sachen gehen hier sehr gut.

Ganz der Deinige.

Sag' viel Schönes an Hortensie und an den Großherzog von Berg.**)

167ter Brief.

Den 9. Mai 1809.

Meine Freundin, ich schreibe Dir aus St. Pölten. Morgen bin ich vor Wien. — Das wird just ein Monat sein nach dem Tage, an welchem die Österreicher den Inn passiert und den Frieden gebrochen haben.

Ich bin gesund. Das Wetter ist herrlich und der Soldat sehr lustig — es gibt hier Wein!

Führe Dich gut auf.

Ganz der Deinige.

---

*) Der Ort, aus welchem dieser Brief geschrieben, ist im Originale nicht angegeben; doch läßt das Faktum, das Napoleon hier erzählt, vermuten, daß er diesen Brief in Regensburg geschrieben, da er bekanntlich dort am Fuß verwundet ward.

**) Prinz Napoleon, ältester Sohn des Königs von Holland, zum Großherzog ernannt zu dem Zeitpunkt, wo Murat zum König von Neapel ernannt wurde.

168ter Brief.

Schönbrunn, den 12. Mai 1809.

Ich schicke den Bruder der Herzogin von Montebello an Dich ab, um Dich zu benachrichtigen, daß ich Herr von Wien bin, und daß hier alles vortrefflich geht. Ich bin sehr gesund.

169ter Brief.

Den 27. Mai 1809.

Ich sende einen Pagen an Dich ab, um Dich zu unterrichten, daß Eugen mit seiner ganzen Armee sich mit mir vereinigt, daß er vollkommen die Aufgabe gelöst, die ich ihm aufgegeben, und daß er fast gänzlich die feindliche Armee, welche er vor sich gehabt, zerstört hat.

Ich schicke Dir meinen Aufruf an die italienische Armee, durch den Du alles erfahren wirst.

Ich befinde mich sehr wohl.

Ganz der Deinige.

P. S. Du kannst diesen Aufruf in Straßburg drucken und ihn ins Französische und Deutsche übersetzen lassen, damit man ihn in ganz Deutschland verbreiten könne. Gib dem Pagen, der nach Paris geht, eine Abschrift dieser Proklamation mit.

170ter Brief.

Den 29., um 7 Uhr abends.

Seit gestern, meine Freundin, bin ich in Wien. Durch den Fluß werde ich aufgehalten. Die Brücke ward verbrannt — um Mitternacht gehe ich hinüber.

Alles geht hier so, wie ich es nur wünschen konnte, das heißt sehr gut.

Die Österreicher sind wie vom Blitz getroffen worden.

Adieu, meine Freundin. Ganz der Deinige.

171ter Brief.

Den 31. Mai 1809.

Eben empfange ich Deinen Brief vom 20. Ich habe Dir geschrieben, daß Du nach Plombieres gehen darfst. Ich will nicht, daß Du nach Baden reisest, Du sollst nicht aus Frankreich gehen. Den beiden Prinzen habe ich befohlen, daß sie nach Frankreich zurückkehren sollen.*)

Der Verlust des Herzogs von Montebello, welcher diesen Morgen gestorben ist, hat mich sehr betrübt gemacht. So endet alles!!...

---

*) Die Königin von Holland hatte ihre beiden Söhne ins Bad von Baden mitgenommen.

Adieu, meine Freundin. Wenn Du etwas beitragen kannst, die Marschallin zu trösten, so tue es. Ganz der Deinige.

172ter Brief.

Den 9. Juni 1809.

Ich habe Deinen Brief erhalten und daraus mit Vergnügen ersehen, daß Du in die Bäder von Plombieres reisen willst; sie werden Dir gute Dienste tun.

Eugen ist mit seiner Armee in Ungarn. Ich befinde mich wohl; das Wetter ist sehr schön. Mit Vergnügen habe ich erfahren, daß Hortensie und der Herzog von Berg wieder in Frankreich sind.

Leb wohl, meine Freundin.
Ganz der Deinige.

173ter Brief.

Schönbrunn, den 17. Juni 1809.

Ich schicke einen Pagen an Dich ab, um Dir anzuzeigen, daß Eugen am 14., am Jahrestage der Schlacht von Marengo, eine Schlacht gegen den Erzherzog Johann und den Erherzog Palatin bei Raab in Ungarn gewonnen, daß er ihnen 4000 Soldaten, mehrere Kanonen, 4 Fahnen genommen und sie sehr weit auf dem Weg nach Ofen verfolgt hat.

174ter Brief.

Den 19. Juni, mittags.

Eben empfange ich Deinen Brief, worin Du mir Deine Abreise nach Plombieres anzeigst. Ich sehe diese Reise deshalb gern, weil ich hoffe, daß sie Dir gut tun wird.

Eugen ist in Ungarn und befindet sich wohl. Ich bin vollkommen gesund — meine Armee ist in gutem Zustande.

Ich bin sehr erfreut, den Herzog von Berg bei Dir zu wissen.

Adieu, meine Freundin, Du kennst meine Gesinnungen für Josefine; sie sind unveränderlich.

Ganz der Deinige.

175ter Brief.

Ebersdorf, den 7. Juli, um 5 Uhr morgens.

Ich sende einen Pagen an Dich ab, um Dir die gute Neuigkeit von dem Siege mitzuteilen, den ich am 5. bei Ebersdorf und am 6. bei Wagram davongetragen.

Kaiserin Josefine.
(Nach einem Gemälde von Proudhon im Louvre.)

Die feindliche Armee ist in Unordnung gebracht; sie flieht und alles geht nach meinem Wunsche.

Eugen befindet sich wohl. Der Fürst Aldobrandini ist verwundet, aber nur leicht.

Bessieres wurde von einer Kanonenkugel in den Schenkel getroffen — die Wunde ist unbedeutend. Lasalle ist getötet worden, meine Verluste sind ziemlich stark, aber der Sieg ist vollständig und entscheidend. Wir haben mehr als 100 Stück Kanonen, 12 Fahnen und viel Gefangene.

Ich bin von der Sonne abgebrannt.

Leb wohl, meine Freundin, ich umarme Dich. Viel Grüße an Hortensie.

176ter Brief.

Den 9. Juli, um 2 Uhr morgens.

Alles, meine Freundin, geht hier nach meinen Wünschen. Meine Feinde sind vernichtet, geschlagen und gänzlich in Verwirrung gebracht; sie waren sehr zahlreich — ich habe sie zermalmt. Mit meiner Gesundheit geht es heute gut, gestern war ich etwas krank an der Gallenabsonderung, die durch so viele Fatiguen erzeugt ward — das ist mir aber sehr gesund.

Adieu, meine Freundin, ich befinde mich sehr wohl.

177ter Brief.

Im Lager vor Znaim, den 13. Juli.

Ich schicke Dir den Waffenstillstand, der gestern mit dem österreichischen General abgeschlossen wurde. Eugen ist auf der ungarischen Seite und befindet sich wohl. Schicke eine Abschrift des Waffenstillstandes an Cambaceres, im Falle er noch keine erhalten hat.

Ich umarme Dich und befinde mich sehr wohl.

Du kannst den Waffenstillstand in Nancy drucken lassen.

178ter Brief.

Den 17. Juli 1809.

Ich hatte Dir, meine Freundin, einen Pagen geschickt — Du wirst den Ausgang der Schlacht von Wagram und hernach den Waffenstillstand von Znaim erfahren haben.

Ich bin gesund. Eugen befindet sich wohl. Ich wünsche, auch Dich und Hortensie wohl zu wissen.

Umarme für mich den Herrn Großherzog von Berg.

179ter Brief.

Den 24. Juli 1809.

Eben empfange ich Deinen Brief vom 18. Juli. Ich erfahre mit Vergnügen, daß die Bäder bei Dir gut anschlagen, und sehe kein Hindernis, daß Du nach beendeter Kur nach Malmaison gehen kannst.

Die Hitze ist hier ziemlich groß. Ich bin vollkommen gesund.

Leb wohl, meine Freundin. Eugen ist in Wien und befindet sich sehr wohl.

Ganz der Deinige.

180ter Brief.

Schönbrunn, den 7. August.

Ich erfahre durch Deinen Brief, daß Du noch in Plombieres bist und da zu bleiben gedenkst. Du tust wohl daran. Die Bäder und das milde Klima können Dir nur gute Dienste tun.

Ich bleibe hier. Meine Gesundheit und meine Geschäfte gehen nach meinen Wünschen.

Ich bitte Dich, Hortensien und den kleinen Napoleons viel angenehme Dinge zu sagen.

Ganz der Deinige.

181ter Brief.

Schönbrunn, den 21. August.

Ich habe Deinen Brief vom 14. August aus Plombieres erhalten und daraus erfahren, daß Du am 18. in Paris oder in Malmaison eingetroffen sein wirst. Du wirst von der Hitze, die hier sehr groß ist, krank geworden sein. Malmaison soll von der Hitze ganz verdorrt und verbrannt sein.

Ich bin gesund, habe aber ein wenig Schnupfen. Adieu, meine Freundin.

182ter Brief.

Schönbrunn, den 26. August.

Ich erhalte Deinen Brief aus Malmaison. Man hat mir berichtet, daß Du dick und frisch und gesund bist. Ich versichere Dich, daß Wien keine amüsante Stadt ist. Ich wollte lieber wieder in Paris sein.

Leb wohl, meine Freundin. Zweimal in der Woche höre ich die Buffos; sie sind nur mittelmäßig — das unterhält die Soirees. Es sind hier 50—60 Damen aus Wien im Parterre, die mir nicht vorgestellt worden sind.

183ter Brief.

Den 31. August 1809.

Seit mehreren Tagen habe ich keine Nachricht von Dir erhalten. — Die Vergnügungen von Malmaison, die schönen Gewächshäuser, die schönen Gärten machen die Abwesenden vergessen — das ist, meint man, bei allen Frauen der Fall. Alle sagen, daß Du gesund bist — doch dem allen ist nicht zu trauen.

Morgen will ich mit Eugen auf zwei Tage nach Ungarn. Ich bin ziemlich wohl.

Adieu, meine Freundin.

Ganz der Deinige.

184ter Brief.

Krems, den 9. September 1809.

Seit gestern 2 Uhr morgens bin ich in Krems — ich bin hieher gekommen, um meine Truppen zu mustern. Meine Gesundheit war noch niemals besser als jetzt. Ich weiß nun, daß auch Du wohl bist.

Ich werde in dem Augenblick, wo mich niemand mehr erwarten wird, in Paris sein.

Alles geht hier sehr gut und zu meiner vollkommenen Zufriedenheit.

Leb wohl, meine Freundin.

185ter Brief.

Den 23. September 1809.

Deinen Brief vom 16. habe ich erhalten und daraus ersehen, daß Du wohl bist. Das Haus der alten Tochter*) ist nicht mehr als 120.000 Franks wert — niemals wird man mehr dafür geben. Du kannst indessen tun, was Du willst, weil es Dich freut, aber, einmal gekauft, laß nichts niederreißen, um hier einige Felsen zu bauen.

Adieu, meine Freundin.

186ter Brief.

Den 25. September 1809.

Ich habe Deinen Brief erhalten. Traue Dir nicht zu viel zu — ich rate Dir, nachts auf Deiner Hut zu sein — denn in einer der nächsten Nächte wirst Du einen ungeheuren Lärm hören.

Ich bin gesund und weiß nicht, was man aussprengt. Seit Jahren habe ich mich nicht so wohl befunden, als jetzt. Corvisart war mir unnötig.

Leb wohl, meine Freundin.

Alles geht hier sehr gut.

---

*) Boispéau, der Mademoiselle Julien gehörend.

187ter Brief.

Den 14. Oktober 1809.

Ich schreibe Dir, meine Freundin, um Dich zu benachrichtigen, daß vor 2 Stunden zwischen Champagny und Metternich der Friede unterzeichnet worden. Adieu, meine Freundin.

188ter Brief.

Nymphenburg bei München, den 21. Oktober 1809.

Seit gestern bin ich hier, frisch und gesund. Morgen werde ich noch nicht abreisen. In Stuttgart will ich mich einige Tage aufhalten. Du wirst 24 Stunden vorher von meiner Ankunft in Fontainebleau benachrichtigt werden. Es wird ein Fest sein, Dich wiederzusehen, und ich erwarte diesen Augenblick mit Ungeduld.

Ich umarme Dich. Ganz der Deinige.

189ter Brief.

München.

In einer Stunde, meine Freundin, reise ich ab. Zwischen dem 26. und 27. komme ich in Fontainebleau an. Du kannst Dich mit einigen Damen dorthin begeben.

190ter Brief.

8 Uhr abends, Dezember 1809.

Meine Freundin, ich habe Dich heute viel schwächer gefunden, als Du es sein solltest. Du hattest Mut gezeigt, fasse auch jetzt Mut, um Dich aufrecht zu erhalten. Du mußt Dich nicht einer finstern Schwermut hingeben, mußt Dich in Deine Lage finden und Deine Gesundheit pflegen, die mir so teuer ist. Wenn Du mich liebst, so mußt Du Seelenstärke zeigen und glücklich sein. Du kannst keinen Zweifel in meine Beständigkeit und zärtliche Freundschaft setzen — und würdest sehr schlecht die Gefühle kennen, die ich für Dich hege, wenn Du glauben könntest, daß ich glücklich sein kann, wenn Du Dich nicht beruhigst.

Adieu, meine Freundin, schlafe wohl, denke, daß ich es so will.

191ter Brief.

Dienstag, 6 Uhr.

Die Königin von Neapel, welche ich im Bois de Boulogne auf der Jagd gesehen, wo ich einen Hirsch gehetzt, hat mir gesagt, daß sie gestern um 1 Uhr Nachmittag Dich sehr gesund verlassen habe. Ich bitte Dich, mir zu sagen, was Du heute gemacht hast. Ich, ich befinde mich sehr wohl. Gestern, als ich Dich gesehen hatte, war ich krank. Ich hoffe, daß Du wirst spazieren gegangen sein. Adieu, meine Freundin.

192ter Brief.

7 Uhr abends.

Eben, meine Freundin, empfange ich Deinen Brief. Savary sagt, Du weinest beständig — das ist nicht recht. Ich hoffe, daß Du heute wirst promeniert haben können. Ich habe Dir Wildbret geschickt. Ich werde Dich besuchen, wenn Du mir sagen wirst, daß Du vernünftig geworden bist und wieder Mut gefaßt hast.

Morgen habe ich den ganzen Tag die Minister bei mir.

Adieu, meine Freundin. A u c h i c h bin heute traurig — ich wünsche Dich zufrieden zu wissen und zu erfahren, daß Du standhaft bist.

Schlafe wohl.

193ter Brief.

Donnerstag mittags.

Ich habe Dich heute besuchen wollen, meine Freundin, bin aber sehr beschäftigt und etwas unwohl. Dessenungeachtet werde ich in den Staatsrat gehen. Ich bitte Dich, mir zu sagen, wie Du Dich befindest.

Das Wetter ist etwas feucht und durchaus nicht gesund.

194ter Brief.

Trianon, Dienstag.

Gestern habe ich mich gleich, nachdem Du, meine Freundin, abgereist warst, niedergelegt. Ich gehe nach Paris. Ich wünsche Dich froh zu wissen und werde Dich noch in dieser Woche besuchen.

Ich habe Deine Briefe erhalten — ich will sie im Wagen lesen.

195ter Brief.

Mittwoch mittags.

Eugen hat mir gesagt, daß Du gestern sehr traurig gewesen bist; das ist nicht recht, meine Freundin; es ist gerade das Gegenteil von dem, was Du mir versprochen hast.

Ich habe viel Langeweile empfunden, als ich die Tuilerien wiedergesehen — dieser große Palast schien mir öde und ich fand mich dort so alleinstehend.

Adieu, meine Freundin, führe Dich gut auf.

196ter Brief.

Paris, Freitag....

Eben, meine Freundin, empfange ich Deinen Brief und ersehe daraus mit Bedauern, daß Du krank gewesen warst. Ich fürchte, daß das schlechte Wetter schuld daran war. Frau de la T..... ist eine der größten Närrinnen der Vorstadt — ich habe lang genug ihr Geschwätz ertragen — endlich hat es mich ennuyiert, da habe ich befohlen, daß sie nicht mehr nach Paris darf. Es gibt noch fünf oder sechs alte Frauen, welche ich aus Paris fortschicken will, weil sie durch ihre Dummheiten die jungen Frauen verderben.

Die Frau von Mackau werde ich, weil Du es wünschest, zur Baronin ernennen und auch Deine anderen Aufträge erfüllen.

Ich bin ziemlich wohl. Das Betragen von B..... scheint mir sehr lächerlich. Ich wünsche Dich wohl zu wissen.

Adieu, meine Freundin.

197ter Brief.

Sonntag, um 4 Uhr morgens.

Ich habe heute große Parade, meine Freundin — ich werde meine ganze alte Garde und mehr als 60 Züge Artillerie mustern.

Der König von Westfalen reist nach Hause.
— Das wird in Paris ein leeres Haus mehr geben.
Ich bin traurig, weil ich Dich nicht sehe. Wenn
die Parade vor zehn beendigt ist, so komme ich,
wenn nicht, morgen.

Adieu, meine Freundin.

198ter Brief.

Donnerstag abends.

Hortensie, welche ich diesen Nachmittag gesehen habe, hat mir Nachrichten von Dir mitgeteilt. Ich hoffe, daß Du Dir heute, da der Tag so schön gewesen, Deine Pflanzen wirst angesehen haben. Um 3 Uhr bin ich nur auf einen Augenblick ausgefahren, um einige Hasen zu schießen.

Adieu, meine Freundin, schlaf wohl.

199ter Brief.

Freitag, um 8 Uhr abends, 1810.

Ich wollte Dich heute besuchen, — aber ich kann es nicht; ich hoffe, daß es morgen gehen wird. Es ist schon sehr lang, daß Du mir keine Nachricht von Dir gegeben.

Adieu, meine Freundin, bleib gesund und zweifle nie an meinen Gesinnungen.

200ter Brief.

Sonntag, um 8 Uhr abends, 1810.

Ich war sehr erfreut, Dich gestern gesehen zu haben; ich fühle wohl, wie viel Reize Deine Gesellschaft für mich hat. Heute habe ich mit Estève gearbeitet. Für das Jahr 1810 habe ich für Malmaison als Nebenausgabe 100.000 Franks bewilligt. Du kannst dort pflanzen lassen, so viel Du willst und diese Summe ganz nach Deinem Ermessen verteilen. Ich habe Estève beauftragt, 200.000 Franks auszuzahlen, sobald der Kontrakt mit dem Hause Julien abgeschlossen ist. Ich habe befohlen, daß man Deinen Rubinenschmuck bezahlen soll, wenn er von der Intendance abgeschätzt sein wird, weil ich von den Juwelieren nicht betrogen werden will. Dies alles zusammen kostet mir also 400.000 Franks. Außerdem habe ich befohlen, daß man die Million, welche Dir die Zivilliste schuldet, zur Disposition Deines Bevollmächtigten bereit halte, damit Du Deine Schulden bezahlen kannst. In Malmaison wirst Du im Schrank 5- bis 600.000 Franks finden, Du kannst sie behalten und dafür Dein Silberzeug und Deine Wäsche einrichten. Ich habe befohlen, daß man Dir ein sehr schönes Porzellanservice mache; man wird, damit es schön werde, sich ganz nach Deinen Anordnungen richten.

201ter Brief.

Dienstag, 1810.

Ich würde Dich heute besucht haben, hätte ich nicht den König von Bayern, welcher eben in Paris angekommen ist, besuchen müssen. Heute Abend um 8 Uhr werde ich bei ihm sein und um 10 Uhr wieder heimkehren.

Morgen hoffe ich Dich zu sehen und Dich froh und standhaft zu finden.

Adieu, meine Freundin.

202ter Brief.

Mittwoch, 6 Uhr abends, 1810.

Meine Freundin, Du kannst (ich sehe kein Hindernis), wann Du willst, den König von Württemberg empfangen. Übermorgen werden Dich der König und die Königin von Bayern besuchen.

Ich möchte sehr gern nach Malmaison kommen, aber Du mußt standhaft und ruhig sein — der Page sagte mir, daß er Dich habe weinen sehen.

Ich werde heute allein zu Mittag essen.

Adieu, meine Freundin, zweifle nie an meinen Gesinnungen — Du würdest sonst ungerecht und schlecht sein.

203ter Brief.

Sonnabend, um 1 Uhr mittags.

Meine Freundin, gestern habe ich Eugen gesehen, er hat mir gesagt, daß Du die Könige empfangen wirst. Bis 8 Uhr war ich im Konzert gewesen.

Ich wünsche sehr, Dich bald wiederzusehen. Wenn ich heute nicht komme, so komme ich morgen nach der Messe.

Adieu, meine Freundin, ich hoffe Dich klug und wohl zu finden. Das Wetter muß Dir jetzt sehr beschwerlich fallen.

204ter Brief.

Trianon, den 17. Januar 1810.

Meine Freundin. D'Audenarde, den ich Dir diesen Morgen geschickt, sagt mir, daß Du, seitdem Du in Malmaison weilst, ganz mutlos bist. Dieser Ort ist aber doch Zeuge unserer Gesinnungen, die, wenigstens meinerseits, sich niemals ändern können und sollen.

Ich habe große Lust, Dich zu sehen, muß aber im voraus überzeugt sein, daß Du standhaft und nicht schwach bist — ich bin es auch ein bißchen und eben das verursacht mir einen schrecklichen Schmerz.

Adieu, Josefine, gute Nacht. Zweifeltest Du an mir, so würdest Du sehr undankbar sein.

205ter Brief.

Den 20. Januar 1810.

Ich schicke Dir, meine Freundin, das Kästchen, welches ich Dir vorgestern versprochen habe und das die Insel Lobau vorstellt. Gestern war ich ein wenig ermüdet gewesen. Ich arbeite viel und gehe nicht aus.

Adieu, meine Freundin.

206ter Brief.

Den 30. Januar 1810.

Eben, meine Freundin, empfange ich Deinen Brief. Ich hoffe, daß der Spaziergang, den Du heute gemacht, um Deine Gewächshäuser zu zeigen, Dir gut bekommen sein wird.

Es würde mir Vergnügen machen, Dich in l'Elysée zu wissen — ich würde glücklich sein, wenn ich Dich öfterer sehen könnte —- denn Du weißt, wie sehr ich Dich liebe.

207ter Brief.

Dienstag mittags 1810.

Ich erfahre, daß Du Dich grämst — das ist nicht recht von Dir. Du hast kein Vertrauen zu mir, denn alle Gerüchte, die man verbreitet, erschüttern Dich; das beweist, daß Du mich nicht kennst, Josephine. Vertraue auf mich — und erfahre ich, daß Du nicht froh und glücklich bist, so werde ich zu Dir kommen, um Dich recht tüchtig auszuschelten.

Leb wohl, meine Freundin.

208ter Brief.

Sonnabend, um 6 Uhr abends, 1810.

Ich habe zu Eugen gesagt, daß Du weit lieber die Schwätzer einer großen Stadt, als das hörest, was ich Dir gesagt habe, daß man also nicht erlauben soll, Märchen aus der Luft zu greifen, um Dich zu betrüben.

Deine Sachen habe ich nach dem Elysée bringen lassen.

Du wirst ungesäumt nach Paris kommen, aber sei ruhig und zufrieden und habe volles Vertrauen zu mir.

209ter Brief.

Sonntag, um 9 Uhr 1810.

Ich war sehr erfreut, meine Freundin, Dich vorgestern gesehen zu haben. Ich hoffe, in dieser Woche nach Malmaison zu kommen. Ich habe hier Deine Sachen arrangieren lassen und befohlen, daß man alles nach dem Elysée-Napoleon bringe.

Ich bitte Dich, gesund zu bleiben.

Adieu, meine Freundin.

210ter Brief.

Freitag, 6 Uhr abends, 1810.

Savary kommt eben an und bringt mir Deinen Brief — ich sehe mit Bedauern, daß Du traurig bist. Es ist mir sehr lieb, daß Du das Feuer nicht bemerkt hast.

In Rambouillet habe ich schönes Wetter gehabt. Hortensie hat mir gesagt, daß Du Dir vorgenommen hattest, bei Bessieres zu dinieren und auf der Rückreise in Paris zu übernachten. Ich bin sehr betrübt, daß Du Deinen Vorsatz nicht ausführen konntest.

Adieu, meine Freundin, sei lustig! Denke, daß dies das Mittel ist, mir zu gefallen.

211ter Brief.

Den 18. Februar 1810.

Meine Freundin, ich habe Deinen Brief erhalten. Ich wünsche Dich zu sehen; aber die Bemerkungen, die Du machst, können wahr sein. Man könnte es vielleicht für unschicklich halten, uns schon im ersten Jahre unter ein und demselben Dach zu finden. Das Landhaus Bessieres ist indessen zu weit entfernt, um wieder zurückkehren zu können, andererseits habe ich ein wenig Schnupfen und bin also nicht ganz sicher, hinzugehen.

Leb wohl, meine Freundin.

212ter Brief.

Den 12. März 1810.

Ich hoffe, meine Freundin, daß Du mit dem, was ich für Navarra getan, wirst zufrieden gewesen sein. Du wirst darin einen neuen Beweis gefunden haben, wie sehr ich wünsche, Dir etwas Angenehmes zu erweisen.

Nimm Besitz von Navarra, Du kannst am 25. März hinreisen und den Monat April dort zubringen.

Leb wohl, meine Freundin.

213ter Brief.

Compiège, den 21. April 1810.

Eben, meine Freundin, empfange ich Deinen Brief vom 19. April. — Der Stil gefällt mir nicht. Ich bin noch der nämliche; Leute meinesgleichen ändern sich nicht. Ich weiß nicht, was Eugen Dir gesagt haben kann. Ich habe Dir deshalb nicht geschrieben, weil Du es nicht getan und weil ich nur das gewollt, was Dir angenehm sein kann.

Es freut mich, daß Du nach Malmaison gehst, und zufrieden bist, ich, ich werde es dann sein, wenn ich Nachrichten von Dir erhalten und Dir Nachrichten von mir mitteilen kann. Ich sage nun weiter nichts, als daß Du diesen Brief mit dem Deinigen vergleichen und dann entscheiden sollst, welcher besser und freundschaftlicher ist — Dein Brief oder der meinige?

Adieu, meine Freundin, bleib gesund und sei gerecht gegen Dich und gegen mich.

214ter Brief.

Compiège den 28. April 1810.

Eben, meine Freundin, empfange ich zwei Briefe von Dir. Ich schreibe jetzt an Eugen. Ich habe befohlen, daß man Tascher mit der Prinzessin von der Leyen verheirate. Morgen werde ich nach Antwerpen gehen, um meine Flotte zu besehen und die Arbeiten anzuordnen. Am 15. Mai werde ich zurückgekehrt sein.

Eugen hat mir gesagt, daß Du ins Bad reisen willst, geniere Dich nicht. Bekümmre Dich nicht um das Geschwätz von Paris; es sind Müßiggänger, weit entfernt, den wahren Grund der Dinge zu kennen. Meine Gefühle, die ich für Dich hege, ändern sich niemals und ich wünsche sehr, Dich glücklich und zufrieden zu wissen.

215ter Brief.

Eben, meine Freundin, empfange ich Deinen Brief. Eugen wird Dir Nachrichten von meiner Reise und der Kaiserin geben. Ich billige es, daß Du in die Bäder gehst. Ich hoffe, daß sie Dir gut anschlagen werden.

Ich wünsche sehr, Dich zu sehen. Wenn Du noch Ende dieses Monats in Malmaison bist, so werde ich Dich dort besuchen. Am 30. d. M. denke ich in St. Cloud zu sein.

Ich bin vollkommen gesund, und es fehlt mir weiter nichts, als Dich zufrieden und gesund zu wissen. Laß mich den Namen wissen, den Du auf Deiner Reise führen willst.

Zweifle nie an der Wahrheit meiner Gesinnungen für Dich — sie werden solange als ich selbst dauern; Du würdest, zweifeltest Du daran, sehr unrecht tun.

216ter Brief.

Rambouillet, den 8. Juli 1810.

Meine Freundin, Deinen Brief vom 3. Juli habe ich empfangen. Du wirst Eugen gesehen und seine Gegenwart wird Dir gut getan haben. Mit Vergnügen habe ich erfahren, daß Dir die Bäder gut bekommen. Der König von Holland hat der Krone entsagt und die Regierung nach dem Willen der Konstitution der Königin überlassen. Er ist von Amsterdam abgereist und hat den Großherzog von Berg zurückgelassen.

Ich habe Holland mit Frankreich vereinigt, aber dieser Akt hat das Glückliche, daß er die Königin emanzipiert — Deine unglückliche Tochter wird mit ihrem Sohne, dem Großherzog von Berg, nach Paris kommen — das wird sie vollkommen glücklich machen.

Mit meiner Gesundheit geht es gut. Ich bin hieher gekommen, um einige Tage auf die Jagd zu gehen.

Im Herbst werde ich Dich mit Vergnügen wiedersehen.

Zweifle nicht an meine Freundschaft, ich ändere mich niemals.

Bleib gesund, sei lustig und glaube an die Wahrheit meiner Gesinnungen.

217ter Brief.

St. Cloud, den 20. Juli 1810.

Deinen Brief vom 14. Juli habe ich, meine Freundin, empfangen. Ich sehe mit Vergnügen, daß die Bäder Dir gute Dienste leisten, und daß Du Genf liebst. Ich dächte, Du tätest wohl daran, auf einige Wochen dorthin zu gehen.

Ich bin ziemlich wohl. Das Betragen des Königs von Holland hat mich sehr betrübt.

Hortensie wird bald nach Paris kommen. Der Großherzog von Berg ist schon auf dem Wege — ich erwarte ihn morgen. Adieu, meine Freundin.

218ter Brief.

Trianon, den 10. August 1810.

Deinen Brief habe ich erhalten. Mit Bedauern habe ich erfahren, daß Du in Gefahr gewesen bist. In einem See umzukommen, wäre für eine Bewohnerin einer ozeanischen Insel ein Mißgeschick gewesen.

Die Königin Hortensie befindet sich besser; ich hoffe, daß sie wieder ganz gesund werden wird. Ihr Gemahl ist in Böhmen und weiß nicht, wie es scheint, was er machen soll.

Ich befinde mich ziemlich wohl und bitte Dich, an alle meine Gesinnungen zu glauben.

219ter Brief.

St. Cloud, den 14. September 1810.

Eben, meine Freundin, empfange ich Deinen Brief vom 9. September. Ich erfahre mit Vergnügen, daß Du Dich wohl befindest. Die Kaiserin ist wirklich seit 4 Monaten schwanger, sie befindet sich wohl und hat sich sehr an mich attachiert. Die kleinen Prinzen Napoleons befinden sehr wohl — sie sind im Pavillon von Italien, im Park von St. Cloud.

Ich bin ziemlich gesund und wünsche Dich glücklich und zufrieden zu wissen. Man hat mir gesagt, daß einer Deiner Leute, der in den Eiskeller ging, sich das Bein gebrochen habe.

Adieu, meine Freundin, zweifle nicht an den Anteil, den ich an Dir nehme und an die Gesinnungen, die ich Dir darbringe.

220ter Brief.

Fontainebleau, den 1. Oktober 1810.

Ich habe Deinen Brief erhalten. Hortensie, welche ich gesehen, wird Dir gesagt haben, was ich denke. Besuche diesen Winter Deinen Sohn, kehre das nächste Frühjahr wieder ins Bad von Aix zurück, oder bleibe im Frühjahr in Navarra. Ich würde Dir raten, gleich nach Navarra zu gehen, befürchtete ich nicht, daß Du Dich dort langweilen würdest. Meine Meinung ist, daß Du diesen Winter schicklicherweise nur in Mailand oder Navarra zubringen kannst — im übrigen billige ich alles, was Du tun willst, denn ich will Dir in nichts hinderlich sein.

Leb wohl, meine Freundin, die Kaiserin ist seit vier Monaten schwanger — Frau von Montesquiou werde ich zur Gouvernante der Kinder von Frankreich ernennen. Sei zufrieden, werde nicht rappelköpfisch und zweifle nie an meine Gesinnungen.

221ter Brief.

Fontainebleau, den 14. November 1810.

Deinen Brief, meine Freundin, habe ich erhalten. Hortensie hat mit mir von Dir gesprochen. Ich sehe mit Vergnügen, daß Du zufrieden bist und hoffe, daß Du Dich in Navarra nicht zu sehr langweilen wirst.

Meine Gesundheit ist vollkommen gut. Die Kaiserin rückt glücklich in der Schwangerschaft vor. Ich werde die verschiedenen Sachen, um die Du mich für Dein Haus ersucht hast, besorgen. Pflege Deine Gesundheit, sei zufrieden und zweifle nie an meine Gesinnungen.

222ter Brief.

Eben empfange ich Deinen Brief. Ich sehe, was die Heirat der Frau von Mackau mit Vatier betrifft, wenn es ihm konveniert, da kein Hindernis — der General ist ein sehr braver Mann. Ich befinde mich wohl. Ich hoffe einen Knaben zu erhalten — ich werde es Dir sofort anzeigen.

Adieu, meine Freundin. Ich freue mich, daß Frau von Arberg Dir Dinge erzählt hat, die Dir Vergnügen machen. Wenn Du mich wiedersiehst, so wirst Du mich von den nämlichen Gefühlen für Dich beseelt finden.

223ter Brief.

Paris, den 8. Januar 1811.

Ich habe Dein Glückwunschschreiben für das neue Jahr erhalten und danke Dir für das, was Du mir gesagt hast. Ich sehe mit Vergnügen, daß Du zufrieden bist. Man sagt, daß es in Navarra mehr Frauen als Männer gibt.

Ich befinde mich sehr wohl, obgleich es schon 14 Tage sind, daß ich nicht ausgegangen bin. Eugen scheint mir für seine Frau ganz unbesorgt zu sein — er schenkt Dir einen kleinen Knaben. Adieu, meine Freundin, bleib gesund.

224ter Brief.

Paris, den 22. März 1811.

Deinen Brief, meine Freundin, habe ich erhalten; ich danke Dir. Mein Knabe ist stark und gesund. Ich hoffe, daß er gedeihen wird. Er hat meine Brust, meinen Mund und meine Augen. Ich denke, daß er seine Bestimmung erfüllen wird.

Ich bin mit Eugen jederzeit zufrieden, er hat mir noch niemals Verdruß gemacht.

225ter Brief.

Den 8. Juni 1812.

Ich empfange Nachrichten von Dir, meine Freundin, jederzeit mit dem größten Interesse. Die Bäder werden, ich hoffe es, Dir gut tun, und mit vielem Vergnügen werde ich Dich zurückkehren sehen.

Zweifle nie an den Anteil, den ich an Dir nehme. Die Sachen, von welchen Du mir gesprochen, werde ich besorgen.

226ter Brief.

Gubin, den 20. Juni 1812.

Eben empfange ich Deinen Brief vom 12. Juni. Ich sehe kein Hindernis, daß Du nach Mailand zu der Vizekönigin gehst. Du wirst sehr wohl tun, inkognito zu reisen. Du wirst viel Hitze auszustehen haben.

Ich bin vollkommen gesund. Eugen befindet sich wohl und führt sich sehr gut auf. Zweifle nie an meine Teilnahme und meine Freundschaft.

227ter Brief.

Trianve, den 25. August 1813.

Deinen Brief habe ich erhalten. Ich ersehe daraus mit Vergnügen, daß Du gesund bist. Ich bin auf ein paar Tage in Trianon und denke von hier nach Compiègne zu gehen. Ich bin vollkommen wohl.

Bringe Ordnung in Deine Angelegenheiten, gib nicht mehr als 1,500.000 Franks aus und lege jährlich ebensoviel beiseite; dann hast Du in zehn Jahren einen Fond von 15,000.000 für Deine Enkel — es ist ein süßes Gefühl, ihnen etwas schenken zu können, ihnen nützlich zu sein. Statt dessen, sagt man mir, hast Du Schulden — das wäre sehr schlecht von Dir. Beschäftige Dich mit Deinen Angelegenheiten und gib nicht jedem, der etwas haben will. Wenn Du mir gefallen willst, so handle so, daß ich erfahre, daß Du Dir einen großen Schatz gesammelt hast. Urteile selbst, was ich für eine schlechte Meinung von Dir haben müßte, wenn ich Dich mit 3 Millionen jährlicher Revenuen dennoch verschuldet wüßte.

Adieu, meine Freundin, bleib gesund,

228ter Brief.

Freitag, 8 Uhr morgens, 1813.

Ich wünsche sehr zu erfahren, wie Du Dich befindest, denn Hortensie hat mir gesagt, daß Du gestern bettlägerig gewesen. Ich war wegen Deiner Schulden sehr aufgebracht gegen Dich, ich will durchaus nicht, daß Du Schulden haben sollst, ich hoffe im Gegenteil, daß Du jährlich 1 Million beiseite legen wirst, um sie Deinen Enkeln zu geben, wenn diese sich verheiraten.

Dessenungeachtet zweifle nie an meiner Freundschaft für Dich und gräme Dich deshalb nicht.

Adieu, meine Freundin, melde mir, daß Du wieder wohl bist. Man sagt, daß Du so dick und fett wie eine gute Pächterin in der Normandie wirst.